Pierre Milliez

J'ai expérimenté
DIEU

Deuxième édition revue et corrigée

Du même auteur
Aux éditions Books on Demand (BOD.fr)

La Résurrection au risque de la Science (2015)
ou étude historique et scientifique des cinq linges,
sur la mort et la résurrection de Jésus,
du Linceul de Turin au Voile de Manoppello.

Pièces à conviction du Messie d'Israël (2015)
ou étude des reliques de Jésus

A mon épouse :	**Anne**
A mes enfants :	**Aurore**
	Alexandre
	Arnaud
	Augustin
	Grégoire

Par souci de discrétion, les prénoms ont été modifiés dans le livre.

Les extraits de la parole de Dieu proviennent de la Sainte Bible
Traduction d'après les textes originaux par le chanoine A. CRAMPON
Société de Saint Jean l'Evangéliste
Desclée et Co., Tournai 1939

Deuxième édition revue et corrigée

**Photo de couverture :
Huile d'Anne Milliez, mon épouse**

© 2015, Pierre Milliez
Éditeur : BoD – Books on Demand,
12/14 rond-point des Champs Élysées, 75008 Paris
Impression : BoD – Books on Demand, Allemagne

ISBN : 9782322018819

Dépôt légal : septembre 2015

« **Heureux ceux qui ont le cœur pur, car ils verront Dieu !** »
                                    Matthieu 5.8

« **Afin que tous soient <u>UN,</u> comme vous, Père, êtes en moi et moi en vous,
 afin qu'eux aussi soient un en nous, pour que le monde croie que c'est vous qui m'avez envoyé** »
                                    Jean 17.21

Dieu, dans l'ancien testament, n'est pas nommable et n'est pas visible. Aussi Dieu est désigné par le tétragramme YHWH car la langue hébraïque écrite ne comporte pas de voyelle.

Dans les extraits de la bible, au tétragramme sont ajoutées deux voyelles pour le rendre prononçable : YaHWeH. Ce mot est sans doute une forme primitive du verbe être.

Préface

« Entre deux hommes qui n'ont pas l'expérience de Dieu, Celui qui le nie en est peut-être le plus près. » La philosophe Simone Weil, « disciple d'Alain »

Nous cherchons Dieu avec notre raison. Mais la raison n'est-elle pas antinomique et selon le mot de Kierkegaard absurde ?

La Foi n'est-elle pas contraire à toute pensée humaine ?

La raison avec la science n'est féconde que dans l'expérience physique du monde. Le champ de la connaissance humaine est réduit à cette expérience physique. La science n'avance que par l'élaboration de théories censées globalisées les expériences physiques mais qui peuvent être validés ou invalidés par d'autres expériences.

Alors la science permettra-t-elle la connaissance du tout ? Jamais complètement, comment le fini pourrait-il connaître l'infini ?

Au-delà du champ du connu, se trouve le champ du connaissable, mais aussi un inconnaissable par les seules facultés humaines.

Cet inconnaissable peut être appréhendé par l'homme par d'autres moyens que la raison. Il est du domaine de l'expérience personnelle, de la rencontre personnelle avec Dieu lui-même.

Cette expérience n'est pas au niveau de la raison. Elle ne peut être ni réfutée, ni validée par la raison. Cette expérience doit être admise. Elle est.

Cette expérience peut être partagée, mais difficilement comprise dans sa profondeur. Elle ne peut être comprise par l'autre que le jour où lui-même en fait sa propre expérience.

C'est ici que prend toute sa dimension la parole du Christ en Luc 10, 21 :
« **Au même moment, il tressaillit de joie par l'Esprit Saint, et il dit : Je vous bénis, Père, Seigneur du ciel et de la terre, de ce que vous avez caché ces choses aux sages et aux prudents, et les avez révélées aux simples. Oui, Père, car tel fut votre bon plaisir.** »

Sommaire

Préface	7
Introduction	11
1 Quête de Dieu	13
1.1 Enfance et Adolescence	13
1.2 Célibataire et étudiant	27
1.3 Homme marié	32
2 Rencontre avec Dieu	45
2.1 Rencontre	45
2.2 Ars	60
2.3 Dons	70
3 Vie avec Dieu	83
3.1 Appel	83
3.2 Résurrection	107
3.3 Conversion	122
4 Interventions de Dieu	131
4.1 Domaine spirituel	131
4.2 Domaine matériel	141
Dernier clin d'œil	151
Pierre et Anne	152
Épilogue	153
Annexe 1 Frères de Jésus	157
Annexe 2 Pauvreté d'Esprit	160

Introduction

Je suis né le samedi 30 novembre 1985, ou plutôt, je suis né de nouveau ce jour, jour de ma seconde naissance ; dans le sens où Jésus nous le dit en répondant à Nicodème, notable juif dans Jean 3, 3-6 :

« ³Jésus lui répondit : « En vérité, en vérité, je te le dis, nul, s'il ne naît d'en haut, ne peut voir le Royaume de Dieu. »
⁴Nicodème lui dit : « Comment un homme, quand il est âgé peut-il renaître ? Peut-il entrer une seconde fois dans le sein de sa mère pour renaître ? »
⁵Jésus répondit : « En vérité, en vérité, je te le dis, nul, s'il ne renaît de l'eau et de l'esprit, ne peut entrer dans le Royaume de Dieu. ⁶Ce qui est né de la chair est chair, et ce qui est né de l'esprit est esprit. »

Je suis né le samedi 30 novembre 1985 à trente-trois ans, car une rencontre personnelle change tout. Trente-trois ans est l'âge présumé de la mort, mais surtout de la résurrection de Jésus le Sauveur.

C'est par ta mort que tu nous appelles à mourir à nous-mêmes.
C'est par ta résurrection qui nous sauve que tu nous convies à une vie nouvelle et éternelle.
Comment dire l'homme sans dire Dieu ?
Comment dire une vie sans dire celui qui est la Vie ?

Le samedi 30 novembre 1985 fut le jour de l'expérience ineffable, la rencontre personnelle avec le Seigneur des Seigneurs, le roi des rois, celui qui est, qui était, et qui vient.

Sa présence se révéla à ma présence. Il est celui qui est. Son existence était la Certitude, et mon existence en fut ébranlée…
Je le vis avec les yeux du cœur, ou plutôt, je l'entrevis. Sa sainteté se dévoila et je ressentis la distance qu'il y avait entre cette pureté et mon état de pécheur. Sa présence se révéla à ma personne.

Je me repentis de mes fautes et pleurai amèrement comme cela ne m'était arrivé depuis très longtemps. Dans sa bonté le Seigneur me remplit de sa miséricorde. En même temps que sa sainteté et sa pureté, se manifestait son amour débordant.

A ce moment je compris la béatitude (Matthieu 5,8) : « **Heureux ceux qui ont le cœur pur, car ils verront Dieu !** » Sans être dans un état de pureté, nous ne pourrions supporter la vision de Dieu. Cependant, c'est à ce face à face que nous sommes appelés, pour connaître la vraie et unique joie : n'être que louange pour notre Seigneur.

Pendant des années j'avais cherché, cherché. Dieu venait de me trouver, par pure grâce, en un cœur à cœur ineffable.

Ce livre est le témoignage d'une vie ordinaire, traversée par l'extraordinaire de Dieu.

1 Quête de Dieu

1.1 Enfance et Adolescence

Famille

Du côté paternel, ma famille s'enracine au Nord de la France, à Bourbourg et ses environs depuis de nombreuses générations. J'avais un grand-oncle Père Jésuite et une grand-tante religieuse de l'Assomption.

Du côté maternel, la foi était presque héréditaire et se transmettait de génération en génération. Un peu comme cette pierre d'autel que nous laissa ce lointain parent, prêtre réfractaire sous la révolution. Il dut fuir la grange ou il disait une messe « clandestine », et traverser un cours d'eau à la nage. Les eaux étant glaciales, il tomba malade et en mourut.

Une grand-tante, sœur de Saint Vincent de Paul, et une cousine religieuse de la Sainte Union nous firent connaître dès l'enfance des êtres qui avaient tout donné pour suivre Jésus. J'aurais même dû connaître un prêtre dans ma famille. Ce cousin germain de ma mère, séminariste salésien en Normandie, a été pris par les Allemands lors d'un parachutage allié. Il fut déporté au camp de Bergen-Belsen où il mourut d'épuisement le lendemain de la libération du camp.

Mon enfance fut cependant imprégnée d'une tristesse que ne dénotent pas les photos, vestiges de ce passé douloureux.

La pauvreté matérielle, à l'époque où le salaire minimum n'existait pas, nous vit demeurer plus de dix ans dans une petite maison sombre sans jardin. Elle se situait dans une impasse sans soleil. L'absence d'argent ne permettant pas une alimentation équilibrée, je fis du rachitisme...

Le vide affectif me brisa et me mûrit prématurément. Il instaura en mon être un sentiment d'inquiétude et d'anxiété. Ceci ancra en moi un complexe d'infériorité et de culpabilité.

Pendant la seconde guerre mondiale, ma mère, adolescente de 16 ans, avait été gravement blessée ce qui lui laissa des traces tant physique que psychologique.

C'est ainsi qu'elle passa de nombreuses années en état dépressif très sérieux. Dans son profond mal être, elle ne pouvait plus s'occuper de nous et disait ne plus nous aimer. Seule la maladie pouvait lui faire dire cela dans son douloureux égarement. En dehors de ses périodes dépressives elle exprimait son bonheur d'avoir des « bons » enfants.

Une hospitalisation s'avérant nécessaire, je fus confié vers l'âge de deux ans pour au moins six mois. Je crus ne jamais revoir ma famille n'ayant pas compris le pourquoi de la séparation. Mes grands-parents tenaient un commerce et ne pouvaient prendre soin de moi.

Le souvenir d'avoir quitté ma mère n'existe pas dans ma mémoire, sans doute censuré parce qu'inacceptable. Par contre j'ai gardé le souvenir de mon grand-père, bonté personnifiée, me laissant chez des amis de mes parents. Pour moi c'était des inconnus, malgré leur bienveillance. Je vécus cette séparation comme un abandon avec toutes les frayeurs et les chocs affectifs liés à cet événement.

La suite de mon enfance se déroula ensuite avec mes parents. Ma mère avait des crises d'emphysème sévères. J'étais dans l'angoisse, je la voyais s'étouffer littéralement, m'attendant toujours à une issue fatale.

Au cours de mes années de lycée, la dépression la reprit sous sa dépendance. Et là, je compris le traumatisme que j'avais vécu vers deux ans. En effet, la maladie la changeait au point de lui faire dire : « je ne vous aime pas ». Elle semblait insensible au monde et aux autres, ce qui était à l'opposé de sa vraie nature. Ma mère était d'une nature très sensible, ne disant jamais de mal de personne.

Mon père, excessivement courageux, travaillait cinquante quatre heures par semaine, le plus souvent de nuit. Un mois par an, il assurait en plus les entrées d'un cirque au Palais des sports de Lille à raison de six heures supplémentaires par jour. Une telle intensité d'activités ne pouvait que rendre tout homme fatigué et donc plus nerveux, et moins patient.

Mes parents eurent trois enfants. Ayant une sœur aînée et un frère plus jeune, j'expérimentais ce que beaucoup considèrent comme la mauvaise place de second.

A ce tableau familial, il est indispensable d'ajouter mes grands-parents maternels qui ont été un peu plus que des grands-parents. Ils s'efforçaient d'aider au mieux mes parents. Les difficultés d'un petit commerce les accaparaient mais ils avaient un sens très fort de la famille. Leur trop rare temps libre était consacré à leurs enfants et petits-enfants. Ce magasin leur permit juste de survivre pendant quarante ans.

Mon grand-père rayonnait la bonté. Il se mettait en quatre pour un rire d'enfant, racontant des histoires de son vécu de 1914-1918, faisant le pitre, acceptant d'être « notre cheval » en nous prenant sur son dos déjà voûté par l'usure du temps.

Ma grand-mère étonnait par son équilibre et par cette facilité de s'adapter à toute classe sociale. Ce fut le fruit d'une longue expérience acquise au sein de tous les milieux et non sans douleur. Cette bonne maman d'exception discutait contraception, avortement, existence de Dieu, philosophie à plus de quatre-vingt ans tout en gardant son opinion de croyante de toujours. Cette ouverture d'esprit lui avait fait lire bon nombre d'ouvrages que ce soit : « le Manifeste du parti communiste » de Karl Marx ou « la nausée » de Jean-Paul Sartre.

Collège

D'une famille catholique depuis maintes et maintes générations, je fus naturellement conduit à poursuivre mes études secondaires dans un collège tenu à l'époque par des prêtres séculiers dans une ville du Nord. Les études étaient d'un bon niveau et la discipline ne posait pas de problèmes ; un colonel en congé de l'armée assurant la fonction de préfet de discipline !

En ces temps de mon adolescence, la seule difficulté, mais quelle difficulté, résidait dans l'acceptation du racisme social. Oui, le racisme existe et même entre français. Le Collège recrutait principalement des fils d'industriels très imbus d'eux-mêmes. Ils considéraient le fils d'ouvrier que j'étais comme un moins que rien et savaient le lui montrer. Cette école ne vivait que par et pour ce milieu social. Au sein même de cet établissement il y avait une ferme avec quelques chevaux et un manège. L'équitation était réservée à ceux qui pouvaient se payer les cours.

Ce qui me blessait le plus c'est que le directeur, un prêtre, manifestait des différences notamment en accueillant les parents selon leur rang social. Quand donc les chrétiens comprendront-ils que Jésus se fit petit et pauvre ?

Interrogations spirituelles

Mes jeunes années furent sans souci spirituel. D'une famille catholique depuis des temps immémoriaux, le problème de la foi ne se posait même pas : Dieu existait, il ne pouvait en être autrement. Mais ces temps eurent une fin. Avec l'adolescence et l'intérêt croissant pour la philosophie, les premières interrogations vinrent et avec celles-ci le doute.

L'argument de causalité veut qu'à tout effet il y ait une cause. Il est nécessaire pour expliquer la présence de l'univers de poser l'existence de Dieu. Mais cet argument utilisé jusqu'au bout nous donnait un Dieu sans cause, transférant ainsi le problème de l'existence du monde sur un mot : Dieu. On revenait au point de départ ne pouvant rien prouver.

Le cosmos dans sa beauté, son harmonie, son ordre nous disait un être suprême. S'il existe, il ne peut qu'être parfait et donc ses attributs doivent être beauté, bonté, amour. Mais alors, le mal, la souffrance et la laideur dans le monde, comment peuvent-ils se concilier avec ce Dieu ? Comment résoudre cette antinomie ?

Le monde n'est-il pas le fruit du hasard et de la nécessité (Jacques Monod : « Le hasard et la nécessité » Editions du Seuil), résultat d'une longue évolution, au fil des ans de plus en plus explicite notamment depuis le Darwinisme ?

Dieu n'est-il pas que l'ensemble de notre « non-savoir » et comme tel se réduisant à chaque découverte fondamentale de nos sciences multipliées ?

La théorie de Charles Darwin confortée par les découvertes anthropologiques nous montre que le pensant, se caractérise notamment par l'introspection. Il n'est pas apparu subitement comme nous le pensions jusque là. Il est le résultat d'une succession de bipèdes se sélectionnant par un mental croissant. Où se trouve dans ces conditions l'apparition de l'âme, principe spirituel ?

Dans la maladie mentale grave où l'homme n'a plus rien de l'homme, comment concevoir l'existence d'une âme ?
Et l'enfant sauvage, élevé en dehors de toute intervention humaine, donc vierge de toute déformation, connaît-il autre chose que l'instinct animal ? Certes non, pour lui la notion du bien et du mal n'est pas conceptualisée. En ces conditions, la morale n'est-elle qu'une invention de la société pour assurer sa sauvegarde ?

Dieu était-il mort, définitivement mort ? Pour Nietzsche, le doute n'existait pas. La mort de Dieu était une nécessité pour la liberté de l'homme, pour son accomplissement. Dieu était l'aliénation de l'homme, la réduction de l'homme à l'état d'esclave. La mort de Dieu rendait indispensable l'avènement du surhomme. Et le père d' « Ainsi parlait Zarathoustra » voyait comme inventeur de cet au-delà, les faibles, les vaincus de la vie, qui ainsi prenaient leur revanche sur les hommes forts physiquement, intellectuellement et socialement.

Pour Lénine, les forts, les puissants, et les gros bourgeois ont inventé Dieu. Ainsi le peuple se tient tranquille, accepte son infortune et se soumet, vivant dans l'espoir d'une autre vie. Ce Lénine s'interdisait d'écouter les œuvres de Beethoven pour ne pas s'attendrir, à une époque ou il fallait tenir les Russes avec une poigne de fer en faisant tomber une multitude de têtes, révolution oblige.

D'un côté les faibles, de l'autre côté les forts du corpus social avaient inventé Dieu.

Mille questions m'habitaient

Recherches orientales
Dans cette aventure spirituelle, le chemin oriental se présenta avec un guide en la personne d'un médecin. Il pratiquait une heure de méditation par jour et étudiait l'acupuncture et donc le mode de pensée chinois, radicalement différent de notre propre processus intellectuel. La connaissance scientifique découlait d'une conception totale de ce qui est.

Le monde se partageait entre le yin et le yang à savoir matière et énergie. Le yang c'est le ciel, le principe mâle. Le yin c'est la terre, le principe femelle. L'être humain est yin et yang. La maladie provient d'un déséquilibre car l'énergie et la matière ne sont pas constantes, mais la somme des deux l'est. Quelques millénaires avant Albert Einstein et sa relativité restreinte conduisant à l'équivalence matière-énergie, ce n'était pas si mal !

Une connaissance autre que cartésienne était donc possible. Un savoir pouvait exister à partir d'une intuition globale de ce qui est ; et science et philosophie, voire même métaphysique n'étaient pas incompatibles. Les Chinois n'avaient-ils pas découvert le langage binaire ? L'acupuncture ? L'équivalence matière - énergie ?

Ce médecin me conseilla de lire Sri Aurobindo. L'Inde apportait une pensée évolutionniste spécifique intégrant matière et esprit : yogi, mantra, nirvana… L'évolution de la conscience dans la nature n'était pas arrivée à son terme. Une mutation devait permettre l'avènement du supra-mental, un nouveau surhomme en quelque sorte. Et Sri Aurobindo promet à ses disciples de revenir dans le premier être supra-mental. Nous l'attendons toujours ....

Dans cette conception Dieu n'était pas personnalisé et les membres de l'Ashram comptaient sur leur propre force pour modifier la matière, la nature du dedans.

La cause de la réalité physique se trouvait dans la réalité intérieure qui la doublait. Ainsi les organes avaient leurs centres de conscience. Et cela n'était pas sans rappeler soit le yin et le yang des chinois, soit le jésuite Pierre Teilhard de Chardin : « dans toute particule élémentaire nous devons admettre une forme de psyché ».

La science du vingtième siècle nous dévoilait d'ailleurs deux états de la matière que nous ne pouvons présentement intégrer mentalement et qui cependant sont démontrés par de nombreuses expériences :
- avec Albert Einstein, ce « miracle » de l'intelligence, c'est l'aspect corpusculaire des particules qui est mis en évidence,
- avec d'autres savants, c'est l'aspect ondulatoire qui prévaut, instaurant cette partie de la physique nommée mécanique quantique.

Cette démarche orientale ne m'apportait pas la sérénité que donne l'adhésion complète de l'esprit à une certitude. Sri Aurobindo, à force de tendre vers l'être supra-mental en ne comptant que sur lui-même, tuait Dieu car il devenait inutile.

Et au doute succédait par intermittence le vertige de l'athéisme. Le doute, état de non équilibre, ne nous laisse pas en repos. L'être dans l'instabilité recherche la stabilité. Le cerveau tourne les arguments dans un sens, dans un autre, en quête d'une paix qu'il ne trouve pas. Ceci le condamne à chercher sans cesse. « La seule chose dont je ne doute pas, c'est que je doute » nous disait notre professeur de philosophie.

La fatigue du doute cédait parfois la place à l'athéisme. Aujourd'hui je suis là et me dis que demain c'est fini, je retourne en poussière, vers le néant d'où je viens. Vertige insupportable, ma pensée m'indiquant aujourd'hui mon existence, me dit en même temps demain ma non-existence. L'athéisme conduit nécessairement à l'oubli pour pouvoir vivre et ne plus voir ce précipice. Mais le doute revenait, me harcelait sans cesse, ne me laissant guère de repos. Oui en ces mois, j'ai cherché Dieu avec hâte, avec fougue et énergie, tiraillé, crucifié par cette frénésie. Je l'ai cherché et ne l'ai pas trouvé.

D'autres ne le cherchaient pas mais l'avaient trouvé ou plutôt avaient été trouvés par Dieu tels André Frossard ou l'inclassable Maurice Clavel.

Découvertes spirituelles

Ma quête de Dieu me conduisit à aller entendre André Frossard à Lille et à lire son livre : « Dieu existe, je l'ai rencontré » (aux Editions Fayard).

André Frossard est d'une famille communiste et athée. Son père a été le premier secrétaire du parti communiste français. Chez eux, le problème de Dieu ne se posait même pas. Personne n'en parlait jamais.

Un jour, un ami lui demande de l'attendre tandis qu'il entre dans une chapelle du quartier latin. Lassé d'attendre son ami, il finit par pénétrer dans l'édifice. Et voilà que Dieu, sans crier gare, vient le trouver dans cette chapelle. En un instant, sa vie bascule. Une luminosité, une transparence, une douceur, la réalité, la vérité, tous ces mots qui ne peuvent dire l'ineffable. L'expérience personnelle que vit André Frossard : l'évidence de Dieu en tant que personne, en tant que présence. En quelques secondes, il passe de l'athéisme au christianisme. Il ne demandait rien, ne cherchait rien, mais Dieu venait, don gratuit de la grâce. Frossard rejoignait la longue file de ceux pour qui, brutalement, la vie était devenue tout autre après une certaine rencontre, de St Paul sur la route de Damas à Ratisbonne et Claudel.

En l'absence d'une telle expérience vécue et de la « méthode » pour y parvenir, je ne pouvais que demeurer dans l'expectative.

Clavel (Maurice Clavel « Ce que je crois » aux Editions Grasset) et sa révolte juvénile ! Encore un qui ne demande rien et qui a tout reçu.
Il s'endort un soir athée et se réveille le lendemain croyant, foudroyé par la grâce.
Un matin, après le départ de sa femme pour le travail, assis dans le canapé il se retrouve malgré lui, à genoux en extase ou en adoration, sans très bien comprendre.
Dans le récit de sa conversion, il passe en revue l'évolution de la pensée philosophique : Kant, Kierkegaard, Hegel, Feuerbach, Marx, Jung, Nietzsche, Sartre et quelques autres. Agrégé de philosophie à 21 ans, Maurice Clavel, fou ou génial au point de lire la critique de la raison pure de Kant, nous explique l'évolution de la pensée humaine de ces derniers siècles. Clavel ou deux siècles de philosophie explicités, de Dieu à l'absurde en passant par la mort de Dieu et l'attente du surhomme qui n'en finit pas de ne pas venir....

Oui, l'homme a tué Dieu, comme entrave à la plénitude de l'homme. Il l'a supprimé au nom de la liberté pour être pleinement, totalement homme et j'allais dire « plus qu'homme ». Mais le « sur » quelque chose n'est pas venu, que ce soit le surhomme de Nietzsche ou le supra mental de Sri Aurobindo. Il n'est pas venu. Il ne lui restait que l'homme qui seul n'a plus de sens, d'où le développement de l'absurde, traduisant dans la philosophie « le mal d'être ». Ce dernier s'éclatant en des crises spasmodiques et convulsives tel mai 1968. Et nous comprenons alors l'ampleur de cette prophétie, attribuée semble-t-il à tord à André Malraux :

« Le 21ème siècle sera religieux ou ne sera pas ».

La raison trouvait ses propres limites. Clavel explicitait les tiraillements incessants qui me déchiraient. L'analyse critique de la raison selon Kant montrait que celle-ci était faillible. Kierkegaard dévoilait l'antinomie de la raison : « quand un motif nous incline plus d'un instant, le fait qu'il ne nous ait pas aussitôt déterminé, accusant son insuffisance, nous porte par là même au motif contraire, et ainsi de suite, vice versa, indéfiniment ». En tirant la quintessence de sa pensée, Kierkegaard ajoute : « la raison c'est l'absurde ».

Clavel devient défenseur du christianisme avec la fougue des nouveaux croyants. Il insiste sur la spécificité et le sublime de cette religion : La Révélation.

Dieu se révèle à l'homme parce qu'il reste pour lui inconnaissable. Dieu s'est dévoilé au monde par son fils Jésus deux mille ans auparavant. Aujourd'hui il « rencontre » personnellement Clavel. Ce dernier montre dans son livre les limites de la connaissance cartésienne.

Il ne me restait qu'à souhaiter l'impossible, recevoir moi-même une révélation. Mais cela n'arrive qu'aux autres et je n'attendais rien, je n'espérais rien et continuais mes recherches.

J'ai idée d'un être parfait, donc infini et comme tel comprenant tout. S'il n'est pas infini, il n'est pas Dieu. S'il est infini, il n'a pu créer un monde extérieur à lui-même.

Cet argument conduisait immanquablement soit à l'athéisme : le monde est réel, Dieu n'est qu'un mot, soit au panthéisme s'approchant de la pensée asiatique : Dieu est réel, le monde n'est qu'une apparence. L'éternel dilemme, comme en science : la matière est-elle corpuscule ou onde ?

Entre ces deux extrêmes, l'intuition du jésuite Pierre Teilhard de Chardin permettait de réconcilier Dieu et la science, Dieu et l'univers, à travers une vision évolutionniste chrétienne. Ce professeur de physique-chimie, paléontologue de renommée mondiale après sa découverte de l'homme de Pékin, nous amenait à reconsidérer l'univers.

La dynamique du monde s'orientait toujours vers une complexité croissante permettant une forme de psyché toujours plus élaborée. La psyché n'apparaissait plus brutalement au moment de l'apparition de l'homme, mais devait exister au moment de l'apparition de la vie. La psyché existait même sous une certaine forme dans la matière elle-même.

Dieu était dans le souffle, le mouvement même devant amener le monde au point oméga de convergence permettant au corps du Christ de se réaliser.

Cette intuition initiale, qui s'est développée tout au long d'une vie, unifiait science, philosophie et christianisme. Cette pensée si totale réintégrant Univers et Dieu révélé ne peut se dire en quelques lignes. Cependant, si remarquable que soit cette pensée et si satisfaisante qu'elle puisse être pour l'esprit dans son harmonie, elle ne me permettait pas de rencontrer Dieu.

Je demeurai donc dans une impasse expectative.

1.2 Célibataire et étudiant

Wisques

Le mystique m'attirait. L'absolu des moines engagés à vie pour Dieu me posait question. C'est ainsi que je séjournais une semaine dans une abbaye bénédictine à Wisques, près de St Omer. La beauté des offices et la paix qui émanait des psaumes étaient apaisantes. Cette vie monastique régulière et calme, éloignée des trépidations du monde, était étonnante. Le rayonnement de certains moines, la paix et la joie qui se dessinaient sur leur visage, même pour ceux qui accomplissaient les tâches les plus humbles, étaient déconcertants. Cependant les hôtes ne participaient pas aux multiples tâches d'un tel monastère et à la longue, la solitude et le calme me devenaient très pesants malgré une bibliothèque très fournie.

Après cette étape, je restais avec ma quête de Dieu tout en ressentant que ces êtres rencontrés étaient habités par une présence.

Etudiant et agnostique

La crise spirituelle vécue m'avait fait comprendre que la raison ne me permettrait pas de prouver l'existence ou la non existence de Dieu.

M'étant suffisamment torturé l'esprit sans pour autant progresser, je me rangeais mentalement à un doux attentisme. J'occupais mon esprit insatiable à travers les études de mathématiques, de physique que j'entreprenais pour devenir ingénieur.

En un mot, je devenais agnostique, c'est à dire que je reconnaissais mon non savoir. Je confessais être dépassé intellectuellement dans la compréhension du monde, de la psyché et du sens de la vie.

Agnostique, oui sans doute, mais nuançons. Je me disais le message évangélique est si sublime que je souhaite ardemment que tout cela soit vrai. Un tel enseignement d'amour d'où émerge la beauté ineffable pourrait-il ne pas être authentique ? Tout mon être intime, mon cœur criait vers un Dieu d'amour. Mais mon intelligence me maintenait dans l'expectative, ne pouvant rien prouver.

Alors, je ne comprenais pas. Le Seigneur ne se laisse pas enfermer ou dévoiler par une intelligence humaine et c'est pour cela que nous sommes libres. Cette liberté est l'expression de l'amour de Dieu et de sa suprême sagesse.

Ma vie étudiante m'apporta un épanouissement en me libérant des blessures de l'enfance. Cinq années, à la fois très studieuses et très décontractées, m'apportèrent une certaine indépendance d'esprit qui m'était indispensable.

L'étudiant acquiert une certaine autonomie vis à vis de sa famille et dans le même temps n'est pas encore inséré dans la vie d'adulte avec ses responsabilités professionnelles et familiales.

A cet âge, on peut encore refaire le monde dans un élan fou et généreux quelque peu révolutionnaire parfois. Mais l'histoire, cette grande enseignante, nous a appris que les révolutionnaires d'aujourd'hui peuvent être les dictateurs de demain avec tous leurs excès. Ces dictateurs qui appliquent leurs beaux discours sur l'égalité en créant une nouvelle caste de privilégiés.

Lourdes

Un ami de la famille, dominicain, m'avait aidé en permettant des échanges réguliers. Il m'était proche par son humilité et son effacement. Il me proposa le pèlerinage du rosaire début octobre. Dernier pèlerinage de la saison, animé par les fils de St Dominique, il se caractérise grâce à la saison, par l'absence de touristes et par une grande ferveur. Et c'est ainsi qu'avec d'autres jeunes en cette année 1972 nous faisions notre apprentissage comme « brancardiers » ou « petites serveuses » auprès de nos frères et sœurs malades.

Et quel apprentissage ! Très vite on ne voit plus le handicap mais la personnalité du malade ce qui lui rend sa dignité humaine. Et quelle n'est pas sa joie quand il peut nous rendre un service, ce qui lui enlève toute dépendance assujettissante vis à vis de nous et apporte une communion d'amour à travers l'échange !

J'y retrouvais beaucoup d'industriels et de notables mais Lourdes transformait tout et il m'était donné de les tutoyer et de me sentir leur égal. Oui, merveille de Lourdes où tous les problèmes de la vie disparaissent, mais hélas, une seule semaine par an !

Je retournais plusieurs années de suite à Lourdes, y vivant des temps forts, il m'en reste quelques images.

Je revois un dortoir à l'abri St Michel, où des jeunes hommes côtoyaient des hommes plus âgés pour la plupart des retraités. Nous rentrions après minuit, ayant terminé la soirée dans un café. Avec deux ou trois dominicains et quelques marins, nous y chantions force chansons paillardes, la voix éclaircie par un délicieux vin blanc, le juraçon, vin réputé récolté à Jurançon (Pyr.-Atl.). Les anciens se levaient à cinq heures trente pour aller à la messe...

Je me représente des malades qui nous aimaient et que nous aimions. Souvent ils avaient plus de punch, de goût à la vie, que nous-mêmes.

Je revois une foule nombreuse, diverse et disparate, mais peuple de Dieu uni dans la prière. Une fraternité retrouvée, basée sur le respect de l'autre, tout cela me faisait chaud au cœur.

Mais cela n'avait qu'un temps et replongé dans la « civilisation », ce lieu de pèlerinage semblait n'avoir été qu'un rêve.

Société

Oui, cette société était en train de s'asphyxier parce que les citoyens n'ont plus le droit à la différence et qu'ainsi elle perd toute sa richesse dans une uniformité stérile et dégradante. Que faisons-nous de la mémoire de nos anciens, ce savoir accumulé, l'histoire d'une famille, d'une peuple, d'une civilisation, l'Histoire avec un grand H, vécue au jour le jour et cette sagesse acquise patiemment au fil de l'expérience d'une vie ? Qu'est devenu ce dialogue qui existait dans le village où paysan, commerçant, ouvrier, docteur, se côtoyaient, se connaissaient et se respectaient ?

Croirault

J'éprouvais un attachement très profond pour une cousine germaine de ma mère, religieuse de la Sainte Union. Elle vivait en intimité avec Dieu. Pour elle, tout disait Dieu et dans sa vie le ciel intervenait presque journellement. Elle me conseilla un séjour à Croirault dans la Somme.

Son fondateur, le père Guilluy, moine bénédictin à Wisques, ressentit un appel de Dieu. Il désirait fonder une communauté suivant la règle de St Benoît, assouplie pour permettre à des handicapés de suivre une vie contemplative. A cette requête, pour éprouver son appel, l'Église l'envoya dans un département d'Outre mer pour construire un monastère. Deux ans plus tard, l'autorisation de fonder arrivait...

Profitant des vacances précédant ma dernière année d'école d'ingénieur, je séjournais quelques jours dans cette nouvelle communauté qui comptait déjà une dizaine de maisons. Le fondateur était attaché à St Benoît mais aussi à Charles de Foucault. Il acceptait la pauvreté dans laquelle il se trouvait. Les cellules n'étaient autres que des baraquements, les vêtements des moines se couvraient de pièces pour cacher l'usure.

Je vis des pauvres de Dieu : pauvres par leur misère physique, pauvres d'avoir donné leur vie à Jésus, pauvres de se soumettre dans le vœu d'obéissance au supérieur et pauvres matériellement, pauvres de tout, mais si riches de Dieu.

1.3 Homme marié

Anne, ma compagne pour l'éternité

Une photo sur les marches d'une bibliothèque universitaire, Villeneuve d'Ascq près de Lille et la grisaille du Nord ; une photo qui réunit une centaine d'êtres sans les unir, mais deux êtres vont s'unir et ne le savent pas encore, s'unir pour le meilleur et pour le pire, s'unir pour l'éternité, s'unir pour ne faire qu'un.

En cet instant immortalisé, ils sont là à quelques mètres, si proches. Ils existent pour être en communion mais ils ne le savent pas encore.

1976, R 76, R comme rencontre, parce que l'on n'ose plus dire comme l'année précédente pèlerinage étudiant, pour ne pas effrayer sans doute, pour attirer davantage de jeunes peut être. Alors, en conséquence, au lieu d'être plus de deux cents on se retrouve moins de la moitié pour ce week-end de marche et de partage. Et l'on trompe tout le monde, ceux qui ne sont pas venus pensant à un rassemblement laïc, ceux qui sont venus ne s'attendant pas à une connotation religieuse.

Mais tu étais là et j'étais là et le reste importait peu. Notre rencontre en ces 24 et 25 avril était inscrite sur le livre des destinées. Ne voyant que toi, je m'approchais discrètement, doucement, pour t'apprivoiser sans t'effrayer et qu'au fil des échanges nous nous connaissions dans notre essence et qu'ainsi tu sois mon unique à nulle autre pareille et que je sois ton unique.

Nous étions côte à côte quand la marche démarra et le restâmes tout ce week-end. Tu ne te méfiais pas. Pour toi, en cet instant j'avais quarante ans et j'étais prêtre. En plus, je portais les mêmes chaussures que ton père...

Nous cheminions ensemble et d'heure en heure, je rajeunissais à tes yeux pour retrouver approximativement mon âge : 25 ans, et de prêtre je devenais ce que j'étais, un étudiant.

Arrivant dans un village, t'en souvient-il ?, nous devions faire une « enquête » quelque peu primaire et scolaire, aussi t'emmenais-je avec ta sœur Fabienne et un ami dans un café ? Cela t'angoissait de ne pas répondre au questionnaire, mais j'étais français et comme tel individualiste. Ces instants nous appartenaient.

La soirée se passa dans une salle d'école où quelques uns faisaient profiter l'ensemble de leur talent. Je revois cette pièce qui te vit t'évanouir. Je te conduisais à l'air libre, à l'air frais, trop frais pour toi et je te mis mon pull.

Je te sentais si frêle, je voulais te protéger, déjà. J'aurais presque béni cette visite au pays des pommes qui me permettait d'être avec toi si mon ami n'avait eu la bonne ou mauvaise idée de nous accompagner...

Le lendemain, de nouveau le jour vint. Et chemin faisant de virages en virages nous revenions à notre point de départ. Le Week-end touchait à sa fin. N'était-ce qu'une rencontre comme une autre telle que celles que j'avais déjà tant vécues ? Je ne voulais pas prendre l'initiative d'échanger nos adresses ayant par trop peur que tu t'attaches et que je te brise.

Intellectuel, la nouveauté exerçait sur moi un attrait excessif et passager. Dès que le mystère s'évanouissait, l'ennui s'installait. Etais-tu l'être varié et complexe susceptible de conserver à mes yeux une part d'inconnu ?

Oui, j'avais été épris de nombreuses fois, mon être s'enflammant spontanément parfois même sans que rien ne soit dit ou perçu. Mais rapidement, dès que je connaissais la personne, l'intérêt disparaissait. Heureusement avant que la fille n'éprouve quoi que ce soit à mon égard. Sauf une fois et ce fut mon premier amour... Et il m'en reste des brisures, parce que ma flamme l'enflamma et que, faire souffrir est pire que souffrir.

Mais je n'avais pas le temps de finir mes raisonnements, mon ami échangeait avec toi son adresse. Un obstacle apparaissait et me stimulait. Ne voulant pas être en reste, je te proposais mes coordonnées et tu n'attendais que cela. Nous t'avons raccompagnée ainsi que ta sœur et je fus, pourquoi le nier, moi le fils d'ouvrier, impressionné par la personnalité de ton père, par cette présence forte et apaisante.

Depuis tu m'avouas que ce soir là tu dansais en sautant sur ton lit et en chantant : « Aujourd'hui j'ai rencontré l'homme de ma vie » en riant et éclatant de joie d'une espérance folle en un être que tu avais trouvé profond et bon. Tu te demandais si j'étais bien le prince charmant de tes rêves de jeune fille ou si tout allait s'évanouir.

Fiançailles et mariage

Le moment de notre rencontre fut une bénédiction. Je terminais mes études d'ingénieur et j'allais commencer mon service national dans la marine toujours surnommée « la Royale ». Mais avant cet éloignement inévitable, de plus de mille kilomètres de Toulon à Roubaix, nous pûmes passer, après un mois de travail à Paris, trois semaines ensemble pendant le mois d'août.

Je tentais avant nos « retrouvailles » le fameux Paris-Chartres en totalité avec un ami. Chartres, chantée par Charles Péguy, m'avait déjà accueilli quelques mois auparavant lors d'un périple étudiant national sur deux jours. Partis d'une quarantaine de kilomètres tout autour de Chartres, les étudiants convergeaient vers cette silhouette élancée et gracieuse qui nous servait de phare au milieu de cette mer de blé. Ondulant sous le vent printanier, cet océan s'entrecoupait de quelques îlots boisés.

En cette fin de juillet, nous quittâmes Paris vers minuit. Nous marchions à bon rythme dans la fraîcheur nocturne qui contrastait avec la canicule de cet été desséchant. Vers huit heures, ayant couvert la moitié de la distance, notre raison nous fit abandonner, conscient que le surlendemain le départ devait se faire pour les vacances aux petites heures du jour.

Le surlendemain donc je partis avec ma future épouse Anne, sa sœur Fabienne, ma future belle-sœur Marie-Geneviève et mes deux amis. Quelques heures plus tard, Taizé, cette terre prophétique pour l'œcuménisme nous accueillit dans la tendresse du soleil couchant. Cette terre bourguignonne attirait plus de trois mille jeunes de nationalités diverses, croyants peu ou prou. Nous étions à l'aube de nos amours. Nous nous décidâmes à aller écouter une conférence d'un merveilleux dominicain, le père Congar. Par notre retard remarqué, il s'interrompit et nous dit :

« Monsieur et Madame sans doute ? » et moi de répondre tout de go : « pas encore, bientôt ». Ce qui permit à sa brillante intelligence de nous enseigner sur ces quelques mots : le « pas encore » de l'attente et le « bientôt » de l'espérance. Notre sortie fut aussi remarquée que notre entrée, Anne, de santé précaire, s'éclipsant en s'évanouissant malgré le brillant exposé du père.

Après Taizé, la Voûte, près de Dunières en Haute- Loire, nous attendait tous les six. La maison, achetée en copropriété par sept étudiants en médecine qui désiraient garder un contact entre eux, nous était prêtée. Cette terre vallonnée et boisée nous entendit nous engager dans la voie des fiançailles en attendant l'officialisation avec nos familles le 22 octobre 1976.

La marine me permit de me rendre deux fois à Lourdes.
La tradition, chère à la Royale, voulait que celle-ci participe au pèlerinage du rosaire. Aussi me retrouvais-je avec une quarantaine de marins et deux ou trois « marinettes » dans ce lieu saint. J'y retrouvais de nombreux amis : malades, dominicains, brancardiers et petites serveuses ou infirmières. Etant officier, donc avec un uniforme sans doute plus chatoyant, je fus choisi pour porter

le dais et suivre ainsi l'Evêque lors de la procession du Saint Sacrement.

Quelques mois plus tard, le pèlerinage militaire réunissait à Lourdes des représentants de tous les corps d'armée. J'y retrouvais mon frère venant d'Allemagne où il effectuait son service militaire et de nombreux amis d'étude.

<u>Aurore</u>
Une année ne s'était point encore écoulée depuis notre mariage, célébré le 21 octobre 1977, qu'un désir fou d'un petit être à chérir s'était installé en nos cœurs. L'amour peut devenir si intense qu'il reste à jamais insatisfait de ne pouvoir réaliser l'union totale, faire que deux fassent un. D'une certaine façon cette union se fait à travers l'enfant.

Et la maladie s'installa sans que nous puissions savoir si tu portais la vie. Mais notre attente était si grande que nous n'avions guère de doute. Espoir et angoisse se mêlaient : un très sérieux problème rénal te fit cheminer de médecin en médecin sans que tu sois soulagée. Et la vie si fragile mais si belle et merveilleuse s'épanouissait en toi.

Un docteur de Chaville, situé près de Versailles, où nous habitions, te prescrivit des radiographies bien que nous l'ayons préalablement prévenu de notre fol espoir. Heureusement quelqu'un veillait, quelqu'un que nous devions rencontrer plus intensément quelques années plus tard. Malgré une réunion importante pour mon travail, je décidais de te conduire et fus poussé à demander au radiologue s'il n'y avait pas de contre indication vu ta condition présumée de femme enceinte. Qu'avais-je dis là ? On nous reconduisit immédiatement en nous indiquant les risques que représentaient ces examens pour la vie, dans son existence et dans son intégralité. Le docteur, revu ensuite, nous dit « C'est vrai, je suis idiot, je n'avais pensé qu'à la maladie et j'en avais oublié votre espérance d'attendre un enfant. »

Et la ronde des médecins continua et toujours ceux-ci nous parlaient avortement devant l'impossibilité d'enrayer le mal. L'un d'eux avait même dit à ma femme que si elle gardait son bébé, elle mourait avec lui. Ils nous parlaient de mort, mais nous, nous ne voulions parler que de vie.

Notre détresse nous poussa vers un spécialiste parisien, au demeurant cousin germain de mon père, le professeur Paul Milliez, doyen honoraire de la faculté Broussais - Hôtel Dieu, qui alliait à l'étoffe d'un grand patron de renommée internationale, la lucidité d'un catholique fervent, conscient de ses responsabilités. Après un examen clinique approfondi, il nous dit : « Vous avez pris le risque jusqu'à présent avec cette infection rénale importante, la vie vaut le coup que nous essayions encore de vous soigner ». Et en concertation avec son ami le gynécologue qui suivait mon épouse, il prescrivit un traitement énergique qui préservait cependant notre enfant.

Les mois passèrent avec cette relation à trois qui s'approfondissait. Et la vie vint, superbe, en ce lundi de Pentecôte 1979. Notre fille Aurore, ce qui veut dire lumière, venait nous contempler en ce matin du premier jour de la semaine. Etonnant symbolisme : la Pentecôte pour tous les chrétiens est la fête du Saint Esprit qui est don et lumière. Et ce grand petit être était bien un don de l'amour comme le dit Tagore, poète indien : « À l' origine de tout ce qu'il y a de grand sur terre, il y a un acte d'amour ».

Alexandre

Nous logions à Rambouillet quand notre cœur s'emplit à nouveau du désir d'un petit Alexandre ou d'une petite Aude à serrer dans nos bras. Le désir devînt réalité et les semaines succédèrent aux semaines. Ton ventre s'arrondissait, la vie s'amplifiant.

Une nuit, de violentes contractions t'arrachaient à ton sommeil et nous dûmes en pleine nuit nous rendre, avec Aurore qui n'avait qu'un an et demi, à l'hôpital. Grande était notre angoisse, tu n'étais enceinte que de six mois à peine. Là, tes bras percés par les perfusions, nous comptions les jours. Chaque jour passé était un jour gagné. Et nous vîmes ainsi s'écouler trente jours et trente nuits quand enfin tu pus sortir. Notre enfant était sauvé.

Deux mois plus tard et cinq jours après l'anniversaire des deux ans d'Aurore, la vie se manifesta en ce mardi qui suivait le lundi de Pentecôte. Notre deuxième enfant et notre premier fils, Alexandre, était là. Nous l'avions tant désiré à force de craindre de le perdre.

Tu étais bien vivant, malgré un problème génétique qui devait s'estomper en grandissant mais qui pendant trois ans et demi découpa nos nuits parfois en six ou sept parties.

En effet, une dysplasie ectodermique ne te permettait pas de te réguler en température. Tantôt à 35 degrés, tantôt à 39 degrés, ton corps ne réagissait pas suffisamment aux facteurs ambiants et les fièvres n'étaient pas forcément dues à une cause infectieuse.

La nuit, réveillés à tour de rôle selon notre épuisement, nous nous levions pour te donner à boire ou pour essayer de calmer tes maux d'oreilles. Tes otites nécessitèrent des paracentèses doubles pour aboutir à notre arrivée en Normandie au déchirement d'un tympan.

Nous t'aimions aussi pour ces instants passés près de toi, pour ces moments volés à la nuit. Heureusement, quelqu'un veillait sans que nous le sachions et nous recevions les grâces en proportion pour tenir.

Arnaud

Au cours de nos fiançailles, nous échangions sur nos projets d'avenir et nous espérions former une famille assez nombreuse d'au moins quatre enfants mais avec une préférence pour six enfants. Nous les voulions suffisamment rapprochés. Le problème de santé d'Alexandre nous conduisit à espacer davantage la troisième naissance. Quand Anne fut de nouveau enceinte, nous habitions à Wasquehal, dans le Nord, commune située à mi-route de nos deux villes natales Lille et Roubaix.

Le gynécologue qui suivait Anne était connu dans la famille pour avoir aidé à naître notre enfant Alexandre et plusieurs neveux et nièces.

A la première visite en échographie, celui-ci nous dit son inquiétude ne voyant pas battre le cœur de l'enfant attendu. Pour cette raison, les rendez-vous et les échographies se succédèrent de semaine en semaine et à chaque fois notre inquiétude grandissait. Le médecin était des plus alarmants : « le fœtus a une forme anormale, il est trop petit, je ne vois pas battre son cœur ».

La fois suivante il ajoutait même : « Je ne vous donne pas de médicaments pour essayer de le garder. Surtout ne vous ménagez pas, faites le ménage normalement. Il vaudrait mieux que tout se passe naturellement et que vous fassiez une fausse-couche. S'il vit, il sera anormal et sera handicapé profond ».

Anne souffrait de violentes contractions et de maux de ventre. Nous ne pouvions qu'être très inquiets d'autant que ce docteur, très chrétien, connaissait le problème des handicapés par un de ses enfants. Tout était préoccupant, y compris l'analyse hormonale où certains taux qui devaient augmenter au début de la grossesse s'effondraient littéralement. La vie semblait s'éteindre.

Sur le plan humain, notre désespérance était proportionnelle à l'intensité du désir que nous avions de cet enfant.

En ces moments, mes parents partant en vacances, nous recevions ma grand-mère maternelle. Nous ne pouvions rien lui cacher malgré son grand âge de 87 ans, tant notre douleur se lisait sur notre visage.

En ces temps, je ne connaissais pas vraiment l'efficacité de la prière. Mais ma grand-mère avait « hérité » de son père un grand amour du Saint-

Esprit, troisième personne divine, à l'égal du Père et du Fils. Et elle pria, pria encore, pria toujours pour nous. « Prier sans cesse » nous dit Saint Paul.

Anne en tremblait dans son lit la nuit. Il n'y avait humainement que deux alternatives : ou l'enfant naîtrait handicapé profond, ou il mourrait.

Nous avions échangé avec un prêtre, ami de la famille. Il nous avait dit que peut-être tout s'arrangerait mieux que prévu. Anne se disait : il est si bon, il a tant de compassion, peut-être dit-il cela pour nous rassurer, nous consoler.
Entre temps, un ami jeune médecin qui faisait des remplacements sur notre ville avait pu conforter Anne qui espérait toujours. Il lui avait dit que tant qu'elle portait la vie en elle, il fallait la protéger en se ménageant et espérer. Il avait une grande foi. Il est très important de bien choisir son médecin…

Anne qui espérait contre toute espérance dit au Dieu de son enfance :
« Seigneur, je me suis occupé d'enfants handicapés que j'ai tant aimé. Tu sais que je respecte trop la vie pour faire quoique ce soit contre cette vie qui démarre. J'accepte cet enfant, quel que soit son handicap. Je sais bien que physiquement je ne suis pas résistante, mais cette vie, c'est toi qui me la donne et tu m'aideras. Tu me donneras la force. »

La visite du troisième mois de grossesse vint et le gynécologue, consterné devant l'échographie, dit que le cœur battait très faiblement. Nous étions fous de joie de cette vie qui nous était comme donnée une deuxième fois. L'échographie suivante, le docteur nous avoua que quinze jours auparavant le battement cardiaque était si faible qu'il n'y avait pas cru. Mais cette fois-ci tout était parfait, aussi bien le cœur, que la taille et la forme du bébé qui étaient redevenues normales.

Bien sûr à l'époque je n'avais pas compris. Mais aujourd'hui, comment ne pas voir la présence miséricordieuse de celui qui a répondu à notre demande à travers la prière d'un être cher ?

La médecine nous avait donné moins de vingt pour cent de « chance » pour que tout s'arrange. Le Seigneur nous laissait libres d'interpréter. Anne, bien que certaine que c'était Dieu qui était intervenu, se demandait parfois si c'était le bon pourcentage dont on lui avait parlé. Par la suite elle demanda même pardon à Dieu pour les doutes, car elle savait bien, au fond de son cœur, que c'était lui qui était à l'origine de cela puisque le bébé était prévu pour les derniers jours de janvier. Quand Dieu répond, il ne nous force jamais à croire.

Pour préparer Aurore et Alexandre à la grande attente de la naissance, Anne avait dit : « Peut-être que le bébé naîtra quand il y aura de la neige.»
Arnaud arriva plein de vie avec les premiers flocons de neige de cet hiver, le 23 janvier 1984.

2 Rencontre avec Dieu

2.1 Rencontre

<u>Chemin de l'effusion du Saint Esprit</u>

Au début du mois de juillet 1985 nous passions une semaine de vacances avec nos trois enfants en compagnie de deux couples amis : Jérémie et Caroline et leurs trois enfants, Ignace et Blandine et leurs deux enfants. Nous nous retrouvions dans cette maison de La Voûte en Haute-Loire où nous étions déjà venus jeunes fiancés et jeunes mariés sans enfant.

Comme pour tous nos enfants, un désir s'éveillait en nos cœurs depuis quelques mois d'un nouveau petit être à chérir. Mais compte tenu des problèmes des précédentes grossesses et de la santé précaire des enfants, nos familles nous le déconseillaient.

Nous n'en avions soufflé mot à personne, cependant notre ardent souhait devait transpirer. Un midi, Caroline s'exclama : « J'espère Anne que tu ne vas pas nous annoncer que tu es enceinte du quatrième. ». Il faut dire qu'Anne avait encore eu une syncope.

Mais le désir mis par le Seigneur dans nos cœurs était si fort que le jeudi 4 juillet dans la soirée, devant la cheminée, Anne fit une prière, paupières closes, demandant à Dieu de nous éclairer, de montrer qu'elle était la décision à prendre. Elle se demandait déjà comment le Seigneur pourrait lui répondre et se trouvait insensée. Elle n'osait plus rouvrir les yeux. Or, en ouvrant les yeux, elle vit immédiatement un petit enfant sur la plaque de cheminée dans le coin en bas à gauche, enfant qu'elle n'avait jamais vu malgré plusieurs séjours dans cette ancienne ferme.

Anne se sentit inondée d'une paix et d'une joie profonde comme « surnaturelle ». Elle était certaine que c'était la réponse de Dieu. Mais comment le partager avec moi ? Ce n'était pas rationnel, c'était insensé. Pierre va penser que le désir d'enfant m'égare.

Or, elle me demanda ce que je voyais sur cette plaque de cheminée en fonte. C'était une scène de chaumière avec des paysans autour de l'âtre. Tous deux nous n'avions vu que des adultes. Or un petit enfant avec un bonnet sur la tête se trouvait dans le coin en bas à gauche. Moi-même je voyais ce petit garçon, sur cette scène champêtre, pour la première fois.

Je crus ce qu'Anne me partageait et elle en fut étonnée. Je lui fis confiance lorsqu'elle me partagea cette expérience nouvelle avec Dieu.

Notre petit Augustin est né en nos cœurs ce jour là.

Comme ce dialogue avec notre Père nous semble naturel aujourd'hui ! N'est-il pas écrit dans l'Évangile de Matthieu en 7, 11 :« **Si donc vous, tout méchants que vous êtes, vous savez donner de bonnes choses à vos enfants, combien plus votre Père qui est dans les cieux donnera-t-il ce qui est bon à ceux qui lui demandent.** »

Nos vacances se continuèrent à Super-Besse dans le massif central avec cette folle espérance qui devait se concrétiser quelques semaines après.

Les préparatifs de la rencontre avec Dieu s'aperçoivent avec le recul du temps. Alors on voit la concordance des signes divins qui nous ont amenés à cette expérience unique et personnelle.

Le dimanche 29 septembre nous recevions la sœur aînée d'Anne, Véronique, son mari et leurs cinq enfants.

Le dimanche précédent, ils avaient écouté le Père Emiliano Tardif à Versailles. Ce prêtre de Saint Domingue a reçu le charisme de guérison et au cours de cette soirée dans les Yvelines plusieurs personnes furent guéries par le Seigneur. Véronique nous offrit donc le livre qui relate la vie de ce prêtre (« Jésus a fait de moi un témoin » d'Émiliano Tardif, aux Éditions des Cahiers du Renouveau).

Elle nous offrit également un livre racontant la vie d'une protestante anglaise appelée par le Seigneur à annoncer la Bonne Nouvelle à Hong Kong dans les quartiers où règne la délinquance (« Ils chassaient le dragon dans la cité interdite » de Jackie Pullinger aux Éditions Foi et Victoire).

Elle nous parla d'une communauté récente, située près de leur appartement de bord de mer à Saint-Broladre, et nous laissa une cassette présentant cette communauté du Lion de Juda et de l'Agneau Immolé (appelée aujourd'hui communauté des Béatitudes). Ma belle-sœur nous indiqua aussi qu'un couple, Pierrick et Myriam de l'église de pentecôte, avait témoigné sur cassette de ce que Dieu avait fait dans leur vie en précisant que le mari était un de mes collègues de travail.

Un jeudi vers la mi-octobre, lors d'une invitation où se retrouvent cinq dames dont le mari travaille dans la même entreprise, Myriam présente, regrette de ne pouvoir parler du Seigneur. Elle part quelques instants pour changer son bébé et s'adresse à Dieu : « C'est pour toi que je suis ici Seigneur. Le travail m'attend à la maison. Alors fais en sorte que je puisse parler de toi. » Anne désirait depuis le début parler de Dieu et découvrir la personne qui connaissait le Renouveau. Elle profita du retour de Myriam pour se rapprocher d'elle et évoquer le témoignage qu'ils avaient enregistré.

Pierrick eut l'occasion de discuter plusieurs fois avec moi et me prêta d'autres cassettes de témoignages, dont celui d'un pasteur.

Un vendredi fin novembre nous invitâmes Pierrick et Myriam qui racontèrent ce que Dieu avait fait dans leur vie. Un soir deux ans auparavant, avant de s'endormir, Myriam demanda à Dieu : « Seigneur, si tu existes, envoie moi un signe suffisamment fort pour que je crois. Tu sais qu'il me faut cela. » Et elle eut immédiatement un signe très fort adapté à sa personnalité.

Pour ma part, poussé par un esprit cartésien et aimant polémiquer, je leur posais de multiples questions avec ma raison raisonnante, opposant argument sur argument, prenant un malin plaisir dans cette joute oratoire.

Pierrick me dit : « Ce n'est pas au niveau de la raison que tu trouveras Dieu. » Il ajouta que l'on pouvait faire des expériences avec Dieu. Ceci me laissa quelque peu pantois. Comment Dieu, s'il existe, peut-il rejoindre l'homme ?

Ils nous dirent aussi que des frères pentecôtistes et évangélistes leurs avaient imposé les mains en intercédant pour eux et qu'ils avaient reçu le Saint Esprit avec le don des langues. Ils ajoutèrent que Saint Paul dit : « je voudrais que vous priez tous en langues. » (Actes des Apôtres 2,38).

Je savais pour avoir lu l'histoire de quelques saints, qu'effectivement certains avaient faits des expériences avec Dieu. Quand ils évoquèrent en plus le « parler en langues », je me disais que Pierrick et Myriam devaient être saints !

Avant de partir, Pierrick et Myriam nous parlèrent du F.G.B.M.F.I; (Full Gospel Business Men Fellowship International), en français Communauté Internationale des Hommes d'Affaires du Plein Évangile (aujourd'hui dénommée chrétiens témoins dans le monde).

Cette association est constituée de chrétiens de toutes les confessions qui organisent des réunions dans des restaurants (des milliers de réunions mensuelles dans le monde). Là, des hommes de toute origine racontent comment Dieu a changé leur vie. La communauté n'a ni prêtres, ni pasteurs et ne célèbre aucun sacrement. Elle témoigne de la puissance de Dieu vivant lors de réunions mensuelles. Elle rassemble tous les chrétiens, les fortifie pour qu'ils réintègrent leurs églises respectives, renouvelés et prêts à s'y engager plus activement.

Matthieu 28, 18-20 et Marc 16, 14-15.

La soirée avec Pierrick et Myriam se termina vers deux heures du matin.

En se couchant nous nous sommes adressés à Dieu en lui disant : « Si tu désires que nous allions à cette réunion, tu nous réveilleras. » En effet il était 2h00 du matin, et il fallait se lever à 6h30. Le nom nous faisait peur, nous avions la crainte d'une secte. Le lendemain, réveillé naturellement à l'heure, après avoir conduit les enfants à l'école, nous nous sommes rendus à la réunion chrétienne à laquelle nos hôtes de la veille au soir nous avaient conviés.

L'Effusion du Saint Esprit

Et un jour vint, un jour nouveau. Chaque aurore est une naissance et pour nous ce fut une deuxième naissance.

La réunion du F.G.B.M.F.I. où nous allâmes en ce matin d'hiver se déroulait dans un restaurant près de Bernay avec une soixantaine de personnes autour de tables pour un petit déjeuner.

Aux chants de louanges succédaient des lectures de la Bible et une parole me toucha. J'échangeai un regard entendu avec Myriam :

Luc 10, 21 : « **Au même moment, il tressaillit de joie par l'Esprit Saint, et il dit : Je vous bénis, Père, Seigneur du ciel et de la terre, de ce que vous avez caché ces choses aux sages et aux prudents, et les avez révélées aux simples. Oui, Père, car tel fut votre bon plaisir.** »

Puis un homme raconta ce que Dieu avait réalisé dans sa vie et je dus partir pour aller chercher les enfants à l'école, laissant Anne écouter la suite du témoignage.

Sur la route, en voiture, mon être n'était que louange, répétant sans cesse :

« Gloire au Père, au Fils et au Saint-Esprit, pour les siècles des siècles….Amen »

Alors que je ne priais plus, je n'étais que louange en ce jour. Je compris par la suite que nos amis pentecôtistes avaient beaucoup prié pour nous et je réalisais l'efficacité de la prière.

Saint Jean 14,13-14 : « **[13]et tout ce que vous demanderez en mon nom, je le ferai, afin que le Père soit glorifié dans le Fils. [14]Si vous me demandez quelque chose en mon nom, je le ferai.** »

Je revenais de l'école avec nos trois enfants, ma femme enceinte du quatrième nous attendait au restaurant. Le témoignage était terminé et les personnes, qui voulaient donner leur vie au Seigneur ou simplement que l'on prie pour elles, s'avançaient. Pour chaque personne qui le désirait trois ou quatre chrétiens priaient le Seigneur et imposaient les mains.

Myriam nous proposa de prier pour nous. Je n'osai m'avancer me sentant indigne. Je désirai me confesser renouant après plus de dix ans d'abandon.

Je sentais ou plutôt, je vivais dans mon cœur la proximité du Christ ; il est à la porte, il vient....Et puis ce fut l'expérience ineffable, la rencontre personnelle avec Dieu.

Sa présence se révéla à ma présence. Il est celui qui est.

Je le vis avec les yeux du cœur, ou plutôt, je l'entrevis. Sa sainteté se dévoila et je ressentis la distance qu'il y avait entre cette pureté et mon état de pécheur. Sa présence se révéla à ma personne.

Je me repentis de mes fautes et pleurai amèrement comme cela ne m'était arrivé depuis très longtemps. Dans sa bonté le Seigneur me remplit de sa miséricorde. En même temps que sa sainteté et sa pureté, se manifestait son amour débordant.

A ce moment je compris la béatitude (Matthieu 5,8) : « **Heureux ceux qui ont le cœur pur, car ils verront Dieu !** » Sans être dans un état de pureté, nous ne pourrions supporter la vision de Dieu. Cependant, c'est à ce face à face que nous sommes appelés, pour connaître la vraie et unique joie : n'être que louange pour notre Seigneur.

En cet instant je réalisais ce que disait le prophète Isaïe (6,1-7).

La nuit je fus réveillé à 4H00 du matin et jusqu'à mon lever à 7H00, je baignais dans la paix et la joie, rempli de louanges. Mon cœur dansait, exultant et tressaillant de bonheur. Cette louange demeura très intense pendant plusieurs jours. Anne pour sa part rêva trois nuits de suite à de très grands feux. Elle se réveillait, elle aussi, en priant et en ayant l'impression d'avoir prié toute la nuit pendant son sommeil. Une telle rencontre laisse des traces, il y a un avant et un après...

Pendant des années j'avais cherché, cherché. Dieu venait de me trouver en un cœur à cœur ineffable...
Anne avait toujours cru en Dieu, mais elle reçut un renouvellement. Ce fut une puissance nouvelle de foi, d'espérance et d'amour. Elle s'efforçait de prier car elle aimait Dieu, mais c'était décevant. Elle n'arrivait pas à prier, elle sentait que c'était une prière pauvre.
D'un seul coup sa prière était renouvelée, enrichie comme un hymne d'amour, un cœur à cœur avec Dieu. Elle pouvait tout lui dire. Ce Dieu d'amour était bien présent, tout proche. Elle pouvait

lui parler comme à une personne qui l'aimait et la connaissait au plus profond de son être. La prière était un temps avec Dieu comme une fiancée désire être le plus possible avec son fiancé.

Je bénis le Seigneur de m'avoir fait cheminer conjointement avec mon épouse, ce qui est pour nous une grande grâce. Quand nous voyons autour de nous des couples où seul l'un des deux membres s'est laissé toucher par le Seigneur, nous mesurons la grâce qui nous est faite de pouvoir partager et vivre tous ces trésors en couple.
Prions pour que par le sacrement du mariage, le Seigneur unisse complètement les compagnons d'éternité en son amour miséricordieux.

Les fruits de l'effusion du Saint Esprit

Nous cherchons Dieu, mais c'est lui qui nous trouve. L'essentiel étant d'avoir cette quête inlassable du Divin. Le Seigneur dans sa sagesse vient à notre rencontre par pur amour. Son amour débordant nous a déjà rejoint il y a 2000 ans à travers l'incarnation de son Unique Fils, son Bien Aimé, Jésus le Sauveur.

Cette effusion du Saint-Esprit changea radicalement notre vie. Elle la modifia aussi pour tous ceux que nous connaissons qui ont vécu cette rencontre. Concrètement, la télévision est utilisée le mieux possible ; des réveils ont lieu en pleine nuit où l'on se surprend en louange ; la prière vient spontanément ; la lecture de la Bible, parole de Dieu vivant, et des livres aidant à cheminer spirituellement remplacent toutes autres lectures tant notre soif de mieux connaître Dieu est grande en cette période de quête spirituelle.

Après cette expérience forte, un accompagnement était nécessaire. Nous apprîmes qu'un groupe de prière se réunissait à l'abbaye du Bec Hellouin tous les jeudis. Cette abbaye, fondée par le chevalier Helluin au XIe siècle, est situé dans un écrin de verdure où coule une rivière : le Bec.

Le groupe, dont le prieur est le berger, se caractérise par la prière spontanée. Nous y avons trouvé le soutien nécessaire et fraternel pour le renouvellement de notre foi à partir de fin 1985. C'était un peu le peuple de Dieu qui se constituait depuis 1973 : des religieuses de Sainte Françoise Romaine, monastère tout proche, des cisterciens du Bec, des laïques célibataires ou mariés, jeunes ou vieux se rassemblaient tous pour prier dans l'unité du Christ par l'action du Saint Esprit. Alors que de moins en moins de personnes se déplacent dans les réunions, là, tous étaient venus en nombre chanter et louer Dieu.

Anne désirait depuis notre mariage étudier la Bible avec d'autres ménages. Pour ma part, je n'en ressentais pas la nécessité jusqu'à présent, je considérais que ce serait du temps perdu en discussions inutiles.... À présent un désir était né de connaître ce trésor : Matthieu 24, 35 : « **Le ciel et la terre passeront, mais mes paroles ne passeront point** ».

Lorsque nous avons voulu réunir quelques personnes pour constituer une petite équipe, à notre grande surprise, sur les sept ou huit couples contactés, six furent de suite intéressés. C'est ainsi qu'une première réunion eut lieu le 7 janvier 1986 au Bec Hellouin avec comme berger le prieur de cette communauté de règle bénédictine.

Les premiers mois de 1986 se partagèrent entre :
- le groupe de Bible une fois par mois le vendredi au Bec,
- le groupe de prière le jeudi soir également au Bec,
- des échanges au cours de soirées avec Pierrick et Myriam.

Pour sa part, Anne s'occupait aussi du catéchisme et d'une troupe de 25 jeannettes qui redémarrait après plusieurs années d'absence de scoutisme à Bernay.

Pierrick nous indiqua que la Bible précisait qu'il fallait réserver dix pour cent pour le Seigneur sur le montant de ses revenus. Nous avons ainsi appris à nous séparer du superflu en constatant même que cela nous enrichissait.

Seigneur je te bénis pour ta sainte parole sur l'aumône en Luc 21, 1-4 : « **[1]En regardant, il (Jésus) vit les riches qui mettaient leurs offrandes dans le Trésor. [2]Il vit aussi une veuve miséreuse qui y mettait deux petites pièces, et il dit : « [3]Vraiment, je vous le dis, cette pauvre veuve a mis plus que tous. [4]Car tous ceux-là, c'est de leur superflu qu'ils ont mis aux offrandes à Dieu ; mais elle, c'est de son indigence qu'elle a mis tous les moyens de subsistance qu'elle avait.** ».

Matthieu 6, 3-4 : « **[3]Pour toi, quand tu fais l'aumône, que ta main gauche ne sache pas ce que fait ta main droite, [4]afin que ton aumône soit** dans le secret ; et ton Père, qui voit dans le secret, te le rendra. »

La déchirure
Ce passage correspond à notre cheminement personnel. Le Seigneur nous a voulu dans une église. L'essentiel est d'être brûlant d'amour pour le Seigneur et d'être là où le Seigneur nous veut. Dieu veut bénir toutes les églises chrétiennes : catholiques, orthodoxes, issues de la réforme…

Le vendredi 20 décembre 1985, invités par Pierrick et Myriam nous leur avons apporté le livre : « La vierge apparaît-elle à Medjugorge ? » de René Laurentin (aux éditions O.E.I.L.). Anne n'était pas d'accord avec mon choix. Elle avait pressenti la maladresse d'une démarche trop impulsive de ma part. Au lieu de prier dans l'unité du Saint Esprit nous avons raisonné, poussés par le Diviseur.

Pour nos amis les apparitions de Marie en Yougoslavie venaient de Satan et leurs finalités étaient de nous détourner de Dieu. Ils nous dirent également que Marie avait eu plusieurs enfants.

Matthieu 12, 46 « **Comme il (Jésus) parlait encore aux foules, voici que sa mère et ses frères se tenaient dehors cherchant à lui parler** ».

Cette soirée nous laissa un goût amer. Nous nous quittâmes meurtris par ces divisions et ébranlés, comme ils le furent d'ailleurs eux mêmes. Nous devions l'apprendre par la suite.

Le Seigneur dans sa bonté nous parla. Le soir, j'ouvrais ma bible sans savoir pourquoi, je me mis à lire :

Matthieu 12, 22-28 : « **[22]On lui amena alors un possédé aveugle et muet, et il le guérit, de sorte que le muet parlait et voyait. [23]Et toutes les foules, saisies d'étonnement, disaient : « N'est-ce pas là le Fils de David ? » [24]Mais les Pharisiens, entendant cela dirent : « Il ne chasse les démons que par Béelzéboul, chef des démons ». [25]Jésus connaissant leurs pensées, leur dit : « Tout royaume divisé contre lui-même va à la ruine, et toute ville ou maison divisée contre elle-même ne pourra subsister. [26]Si donc Satan chasse Satan, il est divisé contre lui-même : comment donc son royaume pourra-t-il subsister ? [27]Et si moi je chasse les démons par Béelzéboul, par qui vos fils les chassent-ils ? C'est pourquoi ils seront donc eux-mêmes vos juges. [28]Mais si c'est par l'Esprit de Dieu que je chasse les démons, le royaume de Dieu est donc arrivé à vous.** »

Chaque fois que Marie, notre Mère et notre Reine du ciel, nous interpelle au cours de ses apparitions c'est pour nous exhorter à la pénitence, à prier, et à suivre les enseignements du Christ. Et en conséquence les « visites » de notre Mère céleste ne peuvent venir de Satan.

L'église catholique ne fait pas des apparitions mariales un dogme de foi. La révélation où Dieu se fait connaître aux hommes se trouve dans l'ancien et le nouveau Testament. Pour nous Dieu se révèle définitivement et complètement dans l'Incarnation de son fils Jésus Christ. La dernière parole de Jésus sur la croix selon Jean : « Tout est achevé ». C'est à dire tout est accompli, est révélé.

La révélation s'achève à la mort du dernier apôtre, ultime témoin vivant de la filiation de Jésus et de la résurrection du Sauveur.

Le lendemain samedi nous retournions dans nos familles dans le Nord pour les fêtes de fin d'année. Chez ma grand-mère à Lille j'ouvrais machinalement la Sainte Bible (traduction d'après les textes originaux par le chanoine A. Crampon 1 - DESCLEE et Cie, Editeurs pontificaux Paris, Tournai, Rome), et je tombais directement sur un commentaire sur les frères de Jésus (Annexe 1).

Le nom de frères et une traduction d'un mot hébreu ou grec dont le sens est : « parenté ».

Réconciliation

Après les vacances d'été passées en partie à Ars, nous retrouvâmes Pierrick et Myriam qui avaient séjourné à la « Porte Ouverte » à Chalon-sur-Saône. Pendant trois semaines leur journée se partageait entre la prière et l'étude biblique dans le cadre d'une communauté évangélique tout à la fois charismatique et œcuménique. Cette communauté dont le pasteur Thomas Roberts avait été l'inspirateur, avait fait dire à du Plessis, ce M. Pentecôte américain : « C'est le haut lieu du charismatique en Europe ».

Nous nous sommes réunis avec nos amis, Pierrick et Myriam, plusieurs dimanches en ayant la joie de prier ensemble dans l'unité du Saint Esprit. Après les déchirements, c'était l'heure de la communion entre frères et sœurs de Jésus Christ. Connaissant nos faiblesses humaines et sachant que chercher à raisonner nos différences ne faisait que nous diviser, nous nous en remettions dans la prière à Dieu.

Comment dans cette communion de prière ne pas nous rappeler saint Augustin, ce grand docteur de l'église, converti par les prières de sa sainte mère Monique : « Il y a beaucoup de gens qui, se disant dans l'église, sont en réalité au dehors parce qu'ils ne pratiquent pas l'amour et la vie du Christ et beaucoup, de gens que l'on dit « au dehors » sont en réalité au cœur de l'Église parce qu'ils pratiquent l'amour et la vie du Christ ».

Comment ne pas nous souvenir que Jean-Paul II répète depuis le début des années 80 que l'œcuménisme est un engagement irréversible de l'Église Catholique, une priorité de son pontificat. Notre Pape à propos des catholiques et des orthodoxes reprend même la formule du Père Yves Congar : « Il faut que l'Église respire par ses deux poumons ».

Comment ne pas nous rappeler cet engagement solennel pris par ce même Pape avec l'archevêque de Canterbury de travailler pour l'unité ?

Le samedi 18 octobre Pierrick et Myriam sont venus passer la soirée avant leur départ pour Perpignan. Le changement correspondait à une mutation professionnelle. Leur départ nous fut un vide. Nous avions vécu tellement de choses essentielles ensemble. Nous étions attristés, esseulés. Nous avions l'impression que ce sevrage était trop rapide. Mais le Seigneur dans sa bonté nous avait fortifiés suffisamment pour qu'avec son aide nous volions de nos propres ailes.

2.2 Ars

Augustin

Le ventre de mon épouse s'arrondissait et la grossesse se déroulait normalement contrairement aux trois premières grossesses malgré une pyélonéphrite qui fut vite enrayée. Nous étions confiants dans le Seigneur puisqu'il avait conforté notre désir d'avoir un enfant (voir II.1 Augustin).

La date prévue pour la naissance fut dépassée et nous allâmes à la clinique des Buissonnets à Lisieux, tous les deux jours. Cet établissement est situé près de la maison où grandit la petite Thérèse de l'enfant Jésus qui devait devenir en 1997 le 33e docteur de l'église appelé « docteur amoureuse »

Le soir du 5 mai, le bébé s'était remis dans une mauvaise position, en siège. Dans la nuit Anne se réveilla à trois heures. Ces derniers temps elle avait tant de contractions qu'elle dormait peu et commençait à être fatiguée, ce matin-là tout allait bien. Mais Anne pria pour demander que la naissance vienne. Quelques minutes s'écoulèrent et les contractions commencèrent très fortement. Lisieux nous vit donc aux petites heures revenir à la clinique. Deux heures s'écoulèrent et la vie vint, splendide. A chaque fois, c'est la première fois. Augustin naquit à 7H30 le 6 mai, le 6 comme sa maman, au mois de mai comme son papa. Ce fut la première naissance aussi rapide et contrairement aux autres, sans aucun problème. Le bébé s'était repositionné juste avant l'accouchement. Les médecins avaient déclarés qu'il n'était plus possible au bébé de se retourner compte tenu du peu de place qu'il y avait en cette approche du terme, Alléluia. Et comme le dit R. Tagore, poète indien : « Chaque enfant vient avec le message que Dieu n'est pas encore découragé par le monde ».

La montée à Ars

Désireux de consacrer une semaine de nos vacances au Seigneur, nous avions prévu de passer trois semaines en maison familiale dans le Cantal et ensuite de nous diriger vers Ars pour passer cinq jours lors de la session organisée par la communauté du Lion de Juda et de L'Agneau Immolé (devenu les Béatitudes - fondée par deux couples de pasteurs protestants, convertis au catholicisme avec l'aide spirituelle de Marthe Robin).

Marthe Robin, la stigmatisée de Châteauneuf-de-Galaure passa plusieurs dizaines d'années sans manger, ni boire, ni dormir, se nourrissant exclusivement de l'Eucharistie une fois par semaine.

La fin du séjour dans la pension à Pleaux concordait parfaitement avec le début de ce temps fort à Ars dans les Dombes.

C'est à Ars que la vie d'un pauvre curé de campagne a manifesté la puissance de la prière et le rayonnement de la sainteté.

En réponse à notre inscription, une lettre écrite fin mai à Cordes, là où se situe la maison mère de la communauté, nous fut envoyée deux mois avant notre départ. Celle-ci nous déconseillait de venir avec quatre enfants et nous demandait de confier certains de nos petits ou bien de louer un gîte ou encore d'emprunter une caravane. Aucune de ces solutions ne nous était possible.

Notre déception était grande : d'autres rassemblements avaient lieu tant à Ars qu'à Paray-le-Monial par les communautés du Chemin Neuf, du Pain de Vie et de l'Emmanuel. Mais aucun ne concordait avec nos congés. Mais nous n'étions plus seuls.

Environ trois jours avant de partir, n'ayant rien trouvé, nous avons prié le soir et demandé au Seigneur de nous indiquer où nous devions aller : « Seigneur nous voulons te donner, te consacrer une semaine de nos vacances et l'on dirait que tu n'en veux pas. Peux-tu nous montrer très clairement ce que tu attends de nous, en nous donnant dès demain une réponse dans la boîte aux lettres ». Mais Dieu donne toujours les moyens de ce qu'il demande. Le lendemain nous avons reçu parmi notre courrier une feuille d'inscription à la première session d'Ars 86 de la communauté du Lion de Juda pour nous-mêmes et nos quatre enfants. Fin juin notre départ en vacances se fit dans l'allégresse et la louange pour notre Seigneur.

Ars 1986

On ne raconte pas Ars, on le vit. Oui, comment dire les grâces témoignant de la surabondance d'Amour de notre Dieu pour ses créatures. Oui ces cinq jours furent d'une intensité spirituelle exceptionnelle bien que nous ayons dû nous partager entre les enseignements, les offices et nos enfants.

Quelques temps forts resteront à jamais gravés dans nos mémoires.

La soirée d'accueil réunissait le peuple de Dieu si divers mais s'unissant dans le corps mystique du Christ. Ce soir-là, l'orateur présenta le curé d'Ars. Un temps de silence et d'intensité s'écoula tant le Saint curé était présent. Puis nous réalisâmes qu'aujourd'hui un prêtre était toujours en charge des paroissiens dans ce petit village des Dombes.

La messe révéla la beauté de la liturgie que notre fille Aurore (7 ans) suivit pendant trois heures. Au cours de cet office une dizaine de frères et sœurs prononcèrent devant monseigneur Coffy les trois vœux monastiques de pauvreté, de chasteté et d'obéissance. Lors de l'homélie un prêtre demanda pardon, pour tous les prêtres qui ne suivent pas, ou trop mal, la voie du Christ et pour toutes les blessures qu'ils ont occasionnées. Il souhaita que les chrétiens prient davantage pour les ministres de Dieu, pour les aider dans leur engagement sacerdotal. Cette requête fit résonnance dans mes souvenirs avec un certain prêtre d'un collège.

La soirée d'intercession montra les merveilles que le Seigneur réalisait, visitant de nombreuses personnes et manifestant sa mansuétude. Les membres de la communauté eurent une cinquantaine de « paroles de connaissance[1] » sous l'inspiration du Saint Esprit. Dieu ne faisant pas les choses à moitié, la guérison du corps et du cœur s'accompagnait toujours d'une conversion.

---

[1] Paroles de connaissance données par Dieu à une personne pour l'édification de l'assemblée « Charisme de connaissance, pourquoi et comment ? » éditions du Lion de Juda

Marc 16, 17-18 : « **[17]Et voici les miracles qui accompagneront ceux qui auront cru : en mon nom ils chasseront les démons ; ils parleront de nouvelles langues ; [18]ils prendront des serpents, et s'ils boivent quelque (breuvage) mortel, il ne leur fera point de mal ; ils imposeront les mains aux malades et (les malades) seront guéris.** »

Grâce merveilleuse d'Ars quand on pense que Jean-Baptiste Vianney a failli ne pas être prêtre pour sa difficulté à apprendre le latin. Et que fait-il en arrivant dans cette paroisse perdue sans foi ni pratique ? Il commence par prier, prier et prier encore. Et combien en a-t-il vu des âmes en détresses ? Plus d'un million sans doute, enfermé dans son confessionnal du matin au soir.

Aujourd'hui combien sont-ils tous ces prêtres qui peuplent l'esplanade tout le jour et manifestent l'amour et le pouvoir qu'ils ont reçus : Jean 20, 21-23 : « **[21]Sur quoi il (Jésus) leur dit de nouveau : « Paix à vous ! Comme le Père m'a envoyé, moi aussi je vous envoie. » [22]Et cela dit, il souffla sur eux et leur dit : « Recevez l'Esprit Saint : [23]ceux à qui vous remettrez les péchés, ils leur seront remis ; et ceux à qui vous les retiendrez, ils (leur) seront retenus** ».

Je ressentais un grand attachement pour cette communauté. J'aimais la beauté des offices ; l'amour, la sérénité, la paix qui émanaient des membres de la communauté. Pendant la session, lors d'une promenade avec Anne et les enfants, je lui dis que j'aimerais rentrer dans une communauté comme celle-là. Anne, qui pourtant est très sociable, aime la vie en groupe, ne s'y voit pas. Elle craint de ne pas avoir assez de temps pour éduquer ses enfants. Elle se dit, dans son fort intérieur, pourvu que le Seigneur ne me demande pas d'y rentrer.

Après Ars

Nous nous étions quelque peu inquiétés de ces cinq jours mouvementés et de leur répercussion sur nos enfants. Aussi sur le chemin du retour vers la Normandie nous leur avons posé la question suivante : « Qu'avez vous préféré : les trois semaines en maison familiale ou la petite semaine à Ars ? ». Notre joie fut complète quand nos enfants nous dirent unanimement : « Nous avons mieux aimé Ars ». Dans nos cœurs ce fut action de grâce : « merci Seigneur, que tu es bon ».

Après notre retour nous étions poussés à témoigner dans notre entourage des merveilles que nous avions vécues.

Le dimanche nous eûmes la joie de rencontrer le nouveau prêtre de Bernay, Pierre, au cours de la messe qui fut célébrée au camp scout. Il ne fut guère étonné des « expériences » que nous avions faites et nous indiqua son engagement dans la communauté de l'Emmanuel.

Un mois s'écoula et nous reçûmes la cousine de ma mère, religieuse de la Sainte Union qui venait de terminer une retraite à Lisieux avec trois autres sœurs qui fêtaient aussi leurs quarante ans de vie consacrée au Seigneur. Elles accomplissaient ainsi la promesse qu'elles s'étaient faites lors de leur noviciat de se retrouver à cette occasion.

Très proche de cette cousine nous nous sommes ouverts et avons raconté ce que nous avions vécu à Ars. Anne lui confia même que je me verrai bien vivre dans une telle communauté.

La réponse vint surprenante à priori mais pleine de sagesse. « Vous vous devez d'abord à vos enfants. Vous avez fondé une famille, c'est très important pour vos enfants que vous les éleviez. Si de l'extérieur la vie communautaire peut présenter quelques attraits, dans la réalité quotidienne, c'est très dur. »

France

Fin septembre, début octobre nos quatre enfants furent tour à tour malades, ce qui nous valut de nombreuses nuits perturbées. Vu l'état de santé de nos enfants, je décidais de rentrer tous les soirs à Bernay durant la semaine de stage de formation que j'effectuais à Paris mi-octobre. Le dernier jour à Paris fut difficile puisque d'épuisement, je m'évanouissais le midi dans un restaurant. Exténué, je rentrai à la maison. Anne me trouva si pâle qu'elle me conseilla de m'allonger et de prendre un peu de repos. En sortant pour aller chercher les enfants à l'école, mon épouse me dit : « Ne t'inquiète pas, j'emmènerai les enfants pour acheter des bottines pour Arnaud ainsi tu seras plus longtemps au calme ».

Après la sortie des classes, mon épouse emprunta les petites rues étroites de Bernay. Une jeune femme toute bronzée avec un énorme sac au dos et surtout une grosse croix en bois autour du cou attira son regard. Anne se retourna plusieurs fois comme attirée par cette inconnue qui arborait si franchement son amour pour le Christ. Puis se trouvant inconvenante, elle continua son chemin se promettant de ne plus se retourner. Elle sentit ses pas comme s'alourdir, se ralentir et pressentit que la jeune femme allait la rattraper et s'adresser à elle. Aussi ne fut-elle pas étonnée lorsque cette jeune personne lui demanda : « Pourriez-vous m'indiquer où se trouve le presbytère ? Je cherche un gîte pour la nuit ». Anne l'accompagne et trouve le prêtre Pierre remettant à neuf son logement avec force coups de pinceaux. Il ne pouvait pas l'accueillir. Compte tenu de ces éléments, mon épouse proposa à la jeune femme de venir à la maison pour le gîte et le couvert.

France, puisque telle était son prénom, témoigna : « Je suis devenue paralysée par un genre de sclérose en plaque de la peau. J'avais presque perdu la vue et ma peau était devenue toute ridée comme une peau de tortue. A cette occasion je me suis remise en question et j'ai cherché Dieu. Dans sa miséricorde, il s'est révélé et ma guérie. Au fur et à mesure que je progressais spirituellement ma vue s'améliorait ».

« J'ai décidé d'aller à pied au mont Saint Michel, depuis Beynes, ville où je demeure dans la région parisienne, de façon à y être le jour de la fête de l'archange. J'ai préparé l'itinéraire et les étapes avec une amie et quand nous eûmes fini, ma surprise fut grande de m'apercevoir que cette démarche allait durer quarante jours. Quarante jours de pèlerinage et de cheminement spirituel à l'image des quarante jours passés par le Christ dans le désert. Je suis restée au Mont quelques jours et j'ai eu la joie d'entendre la communauté du Lion de Juda de l'abbaye blanche de Mortain chanter les offices du jour de la Saint Michel ».

« Sur la route, j'ai toujours demandé le gîte et le couvert. Une fois la tentation de m'arrêter dans une chambre, avec pour excuse la nécessité d'écrire à ma fille qui a vingt ans, s'est faite si forte que je me suis mise en quête d'un hôtel : au premier l'inscription « fermé pour travaux » était apposée ; au second la fermeture avait pour cause la cessation d'activité cette fois. Je décidai donc de demander l'hospitalité. En arrivant à Bernay, sous prétexte d'écrire ce que je vivais, j'essayai à nouveau de trouver une chambre d'hôtel. Cela ne fut pas possible, les deux seuls hôtels dans le centre de Bernay m'indiquant qu'ils étaient complets ».

« J'ai souvent demandé dans les presbytères le gîte et le couvert. Parfois je fus mal reçue. Une fois même je demandais à pouvoir dormir dans un garage n'ayant pas l'autorisation de me reposer dans l'habitation. Mais le prêtre me dit : « Vous n'y pensez pas, c'est là que je mets ma voiture ». Aussi je décidai de prier davantage pour cet homme de Dieu ».

« Au cours de mon périple le Seigneur me protégea deux fois d'une agression au travers de la croix que je porte ».

Et puis la nuit vint. Anne n'arrivait pas à trouver le sommeil. Une voix intérieure harcelait mon épouse. « Et si tout était faux. Et si elle prenait notre argent ou nous jouait un mauvais tour ». Ah, dès que nous nous dirigeons vers Dieu et nos frères, le grand tentateur redouble ses attaques. Mais nous sommes vainqueurs par Jésus qui a tout accompli sur la croix. Anne se sentait angoissée et finit par dire à

Satan : « Tu sais bien qu'habituellement je ne me préoccupe pas de cela (l'argent), alors laisse moi tranquille. D'habitude, j'ai vraiment confiance, pourquoi ce soir douterais-je ? ».

Le lendemain en raccompagnant France à l'entrée du lotissement, elle nous dit : « C'est curieux, à chaque fois j'ai été logée soit rue de l'église, soit rue du calvaire, soit rue de la croix... Et nous de répondre : « Regarde le panneau, nous habitons Parc du Prieuré... »

Cela ne nous étonna pas. Lorsqu'on a rencontré le Seigneur, le merveilleux devient quotidien et normal. Béni es-tu, Seigneur, pour cette rencontre qui nous fortifia encore dans ton amour.

2.3 Dons
<u>Cheminement vers le charisme des langues</u>

Le prêtre Pierre, au cours d'une soirée nous avait beaucoup parlé de la communauté de l'Emmanuel dont il faisait partie. Nous étions en recherche de la volonté du Seigneur pour nos vies. Sachant que cette communauté permettait de continuer sa vie dans le monde, nous avons décidé d'aller à un rassemblement les 15 et 16 novembre à Chatou près de Paris.

La veille du départ notre petit Augustin était fiévreux : 39 degrés. Le médecin appelé ne trouva rien d'anormal. Notre prière monta vers les cieux : « Seigneur que ta volonté se fasse, mais si tu veux que nous allions à l'Emmanuel, Augustin n'aura plus de fièvre demain matin. Samedi matin après une nuit de gémissements, il avait plus de quarante de fièvre. Nouvelle visite du médecin, puis radiographie des poumons avec une grande inquiétude : les poumons, le foie étaient affecté et le cœur était anormalement gros. Le médecin nous envoya immédiatement à l'hôpital de Lisieux en pédiatrie.

Bénis sois-tu, Seigneur, parce que même si nous ne le comprenons pas toujours dans l'instant, tu fais toujours pour le mieux pour nous car tu es amour et sagesse.

Et notre enfant n'était pas notre enfant, on nous l'avait pris alors qu'il était bien moins l'enfant des médecins, infirmiers, personnels hospitaliers... « Vos enfants ne sont pas vos enfants. Ils sont les fils et les filles de l'appel de la vie à elle-même. Ils viennent à travers vous mais non de vous. Et bien qu'ils soient avec vous, ils ne vous appartiennent pas ». (Khalil Gibran dans « Le Prophète »).

On nous l'avait pris, mais le Seigneur veillait. Et le cycle des examens commença : analyse d'urine, de sang, ponction lombaire....

Dans le couloir, nous l'entendions pleurer et nous nous sommes mis à prier. Une pensée nous a rassurés : « Quelle que soit la main de l'homme si elle est guidée par Dieu... ». Bénis sois-tu, Seigneur, d'avoir répondu à notre prière et d'avoir guidé la main de l'interne.

Et nous retrouvâmes notre petit, notre tout petit dans un berceau froid et impersonnel sous perfusion. Et la déchirure de la séparation dura, dura. Chaque jour nous vivions dans l'espoir d'une sortie. Enfin le mercredi, nous pûmes sortir avec Augustin. Un rendez-vous pour un examen cardiaque à Caen était pris, la grosseur du cœur demeurant inquiétante.

Évangile de Saint Matthieu 18, 19-20 : « **[19]Encore, en vérité, Je vous le dis : Si deux d'entre vous sont d'accord pour demander sur terre une chose quelconque, ils l'obtiendront de mon Père qui est dans les cieux. [20]Car où deux ou trois sont assemblés en mon nom, je suis là au milieu d'eux.** »

A l'hôpital de Caen, Augustin fit un électrocardiogramme et une échographie cardiaque. Nous apprîmes avec joie que son cœur était tout à fait normal et que l'interprétation radiographique était erronée. C'était une glande, le thymus, qui placée devant le cœur était anormalement grosse. La taille du thymus s'expliquait par la production de globules blancs pour lutter contre l'infection pulmonaire. Béni es-tu, Seigneur, de répondre à notre prière.

Sur la route du retour, arrivé à un panneau stop, je m'aperçois que le levier de vitesse de ma BX est devenu tout mou. Une pièce s'était cassée, je ne pouvais plus changer de vitesse. Cependant l'une d'entre elles était restée enclenchée : la troisième. Cela était d'autant plus ennuyeux que notre petit Augustin encore malade ne devait pas sortir. Je réussis à repartir, décidé à m'arrêter au premier garage. Je passe devant un garage sans m'arrêter (ni Anne, ni moi-même n'avons compris pourquoi j'ai continué...). Au deuxième garage qui faisait également café, je m'arrête. Nous étions à une quinzaine de kilomètres de Lisieux.

Le patron repère la pièce défectueuse et appelle au téléphone le concessionnaire de Lisieux. Celui-ci explique qu'il ne comprend pas que cette pièce ait pu casser, qu'il n'en a pas d'avance. Il fallait donc attendre plusieurs jours pour la pièce. Que faire ?

Je priai alors le Seigneur de venir à mon aide et aussitôt (coïncidence ?) j'entends le garagiste : « J'ai une épave de 104 Peugeot. Je vais regarder peut-être que la pièce ira ». La pièce n'avait pas une forme identique mais les deux trous servant à la boulonner étaient de même espacement et de même filetage. Le garagiste nous dit : « Faites attention, les rapports de vitesse sont peut-être changés. C'est une réparation provisoire, je ne vous garantis pas que vous arriverez jusque chez vous sans problèmes ».

Nous rentrâmes à Bernay sans aucun problème. Depuis, j'ai gardé cette pièce comme pièce à conviction...

Comme de tradition les fêtes de fin d'année nous permirent de revoir notre famille dans le Nord à Lille et Roubaix.

Pour la soirée de la Saint Sylvestre nous étions invités chez nos amis Jérémie et Caroline. Avant de passer cette soirée nous avions prié le Seigneur : « Dieu, tu sais que nos soirées sont sans saveur si nous ne pouvons parler de toi, témoigner. Fais en sorte qu'à cette soirée du nouvel an, nous soyons amenés à parler de toi ».

En allant chez nos amis à Lompret, nous avons eu la joie de retrouver Guillaume et Marie, couple d'amis que nous n'avions pas revu depuis notre départ du plat pays qui est le nôtre, soit deux années auparavant. Quelle ne fût pas notre joie de constater que notre cheminement spirituel respectif s'identifiait à travers « la communauté internationale des hommes d'affaires du plein évangile ».

Ils étaient devenus chacun responsable d'un groupe de prière, pour Marie au niveau paroissial, Pour Guillaume sur le plan professionnel.

Pleins de cette expérience commune, nous avons terminé 1986 et débuté 1987 avec le Seigneur.

En plus chez nos amis, nous avons eu la joie de tomber sur le livre : « Le retour du Saint Esprit » de K. et D. Ranaghan aux éditions du Cerf et qu'elle ne fut pas notre surprise de lire qu'il avait été traduit de l'américain par les Moniales de Sainte Françoise Romaine du Bec Hellouin et par le prieur de l'abbaye fondée par le Chevalier Helluin près du ruisseau dénommer le Bec.

Le lundi 19 janvier 1987 plusieurs amis nous entouraient avec le prêtre. Nos enfants recevaient le sacrement des malades. Au cours de cette soirée, nous avons décidé qu'un groupe de prière se réunirait tous les quinze jours chez nous dans un premier temps. La date du jeudi 5 février fut fixée, ce qui permettait de demander au groupe de prière du jeudi soir du Bec Hellouin de prier pour nous. Hélène a reçu la guérison de son zona ce soir-là.

La nuit du mardi 20 au mercredi 21, Augustin fit une laryngite suffisamment violente pour nous contraindre à appeler le médecin à 3H00 du matin. Le mercredi soir Arnaud avait 39° de température. Jeudi en fin d'après midi la disparition de la fièvre pour nos deux enfants nous remplit de joie à la perspective d'aller au Bec Hellouin.

Sur la route nous entrions dans une légère courbe à 80 km / heure vers Brionne quand soudain, juste en face, deux phares trouèrent la nuit noire. Les idées se succédèrent rapidement : prendre la file de gauche pour l'éviter ? Continuer tout droit ? Finalement je freine en serrant à droite, la voiture dérape, je relâche les freins. La voiture en face s'écarte au dernier moment nous frôlant au centimètre prés. Nous avons entendu le frôlement de la neige entre les deux voitures. C'était des anglais qui avaient repris leur habitude de rouler à gauche.

Nous arrivons au monastère les jambes molles. Un moine anglais séjournant quelques temps au Bec Hellouin participait à la louange pour le Seigneur ...

Repos dans l'Esprit

Après ces événements mouvementés deux jours plus tard, nous nous rendions dans un restaurant de Lisieux à la soirée du F.G.B.M.F.I. C'était hier et c'est aujourd'hui car c'est le présent en ma mémoire.

Un couple de Mantes la Jolie accompagne à la guitare les chants de louange. Deux Anglais dont un prophète rencontré « fortuitement » par un collègue dans la commune de Pont-Audemer participent à la soirée. L'un nous donne un enseignement, l'autre témoigne de la transformation de sa vie par le Christ.

Un des Anglais reçoit ensuite du Seigneur deux paroles de connaissance :
- « Une dame est sourde de l'oreille gauche ». La personne s'avance, des prières sont faites avec imposition des mains, la dame guérit.
- « Une jeune fille a une douleur dans l'épaule gauche ». Après prière et imposition des mains, la demoiselle qui venait pour la première fois tombe dans le repos de l'Esprit.

Au cours de cette expérience de repos, la personne ressent une présence intérieure de Dieu, d'un Dieu qui est surabondance d'amour ce qui la remplit de douceur et de paix. Fréquemment le sujet « tombe » et reste quelques minutes allongé.

Au moment de partir la jeune fille guérie nous dit : « Quand je pense que je ne voulais pas venir. C'est mon amie qui m'a presque forcée. Je suis venue un peu pour lui faire plaisir. Dire que j'allais passer à côté de cela ».

Premier don, le parler en langues

Puis nous demandons la prière fraternelle. Les deux Anglais évangélistes nous imposent les mains. Nous n'étions que louanges et au cours de cette louange vécue très intensivement je dis : « Père, que ta volonté se fasse en moi ». Et puis tout à coup le parler en langues, non pas dit, mais qui est dit. Quelqu'un parle, chante à travers moi. Je sens que véritablement si je voulais arrêter je le pourrai, mais je ne le désire pas. Et mon épouse fut surprise de m'entendre chanter si fort et si juste. Pour sa part, ma femme devait recevoir ce charisme quelque dix jours après, un soir dans la prière.

Humour de notre Dieu : pendant mes études l'anglais était la matière détestée, deux jours auparavant des Anglais avaient failli nous tuer et voilà que deux membres de ce peuple servaient de canaux à l'Esprit Saint ; extraordinaire humour du Seigneur...

Béni sois-tu Esprit Saint pour ce don. Ce premier don malgré notre état de pêcheur.

Il suffit de nous dépouiller, de tuer le vieil homme pour laisser naître en nous l'homme nouveau, l'homme de Dieu comme nous l'indique Charles de Foucault (Annexe 2).

Le lendemain, dimanche 1er février, je suis mal à l'aise, je ne me sens pas digne de ce cadeau du ciel. J'ai peur que mon orgueil s'intensifie. J'ouvre le livre « Le retour de l'Esprit ou le mouvement pentecôtiste catholique » de K. et D. Ranaghan ; j'étais arrivé au chapitre sur le parler en langues et référence était faite à l'évangéliste Matthieu 7, 21-23 : « **[21]Ce n'est pas celui qui m'aura dit : « Seigneur, Seigneur ! » qui entrera dans le royaume des cieux, mais celui qui aura fait la volonté de mon Père qui est dans les cieux. [22]Beaucoup me diront en ce jour-là : « Seigneur, Seigneur n'est-ce pas en votre nom que nous avons prophétisé ? N'est-ce pas en votre nom que nous avons chassé les démons ? Et n'avons-nous pas, en votre nom, fait beaucoup de miracles ? [23]Alors je leur dirai hautement : « Je ne vous ai jamais connus. Eloignez-vous de moi, artisans d'iniquité ! ».**

L'essentiel est de faire la volonté du Père.

L'Esprit Saint, l'Unificateur

Pierre et Nicole, responsables du chapitre du F.G.B.M.F.I. à Bernay, nous apprenaient un soir où nous nous retrouvions à la maison qu'ils s'étaient réunis à plusieurs évangélistes et pentecôtistes pour débuter le chapitre de Bernay. A l'époque ils n'auraient pu accepter les catholiques.

Ils nous précisèrent que ce que nous avions vécu avec nos amis pentecôtistes avait permis aux responsables locaux « des hommes d'affaires du plein évangile », de s'ouvrir aux catholiques. En effet Pierrick et Myriam, nouveaux convertis eux-mêmes, furent surpris que recevant l'Effusion du Saint Esprit nous ne devenions pas pentecôtistes. Cela n'était pas sans parallèle avec ce que nous dit le Père Zobel, prieur du Bec Hellouin : « Dans les années 70, Monsieur du Plessis, américain plus connu sous le nom de Monsieur Pentecôte, était venu prier pour les moines au monastère. Quelle ne fut sa surprise de voir que les religieux, qui avaient reçu l'Esprit Saint, continuaient cependant à prier Marie ».

Mais le Seigneur souhaitait que nous restions catholiques et force était de constater que l'Esprit Saint souffle où il veut. Sagesse de Dieu, le Seigneur nous amenait à une fraternité avec nos frères en Christ et permettait aux évangélistes d'accepter les catholiques comme des frères.

Fin mars un dimanche soir, nous demandions au Seigneur de nous dire si nous devons nous engager au F.G.B.M.F.I. et de nous l'indiquer par un coup de téléphone dans la semaine. Dès le lendemain, Nicole téléphonait indiquant que la veille elle avait voulu appeler quatre fois et précise : « Cela fait un moment que nous sentions que vous alliez faire quelque chose... ».

Nicole souhaitait qu'il y ait un groupe de prière œcuménique à Bernay pour pouvoir envoyer certaines personnes. Mais notre groupe de prière étant dès l'origine catholique, il nous semblait difficile de l'orienter vers l'œcuménisme et aussi difficile d'en débuter un autre.

Et un lundi de fin de mars, nous allions à la première soirée de prière avec les responsables locaux des hommes d'affaires du plein évangile. Au cours de cette soirée, il fut décidé d'aller voir le Père Herbulot, responsable du renouveau auprès de l'évêque d'Evreux. J'y allai avec le Président du chapitre après avoir prié. L'accueil fut très chaleureux, le Père Herbulot, jésuite, connaissait le FGBMFI pour avoir assisté à plusieurs réunions à Paris.

Les membres des églises réformées acceptaient les catholiques dans notre ville. L'Esprit Saint continuait son œuvre d'unification.

Nous avions parlé aux prêtres des hommes d'affaires avec enthousiasme et pour cause. Trop parlé sans doute, mal parlé sûrement et nous remarquions chez eux un certain recul. Nous devenions sujets à caution. Nous décidâmes donc d'éviter de témoigner aux prêtres de ce que nous vivions avec nos frères évangélistes. Et voilà qu'à la fin de la messe Chrismale Michèle, ancienne Bernayenne très engagée dans la vie paroissiale racontait au prêtre ce qu'elle avait vécu à la réunion du F.G.B.M.F.I. où je l'avais emmenée.

Quelques temps après Michèle témoignait au prêtre qu'une parole de connaissance avait été dite pour elle pendant une réunion du chapitre.

L'Esprit Saint, sagesse éternelle, utilisait d'autres « canaux » sachant que nous n'étions plus crédibles, pour conforter ce que nous avions dit. Son œuvre continuait, il appelait les catholiques à accepter les autres chrétiens.

L'Esprit Saint dans ses œuvres
L'Esprit nous conduit

Il me souvient qu'un soir nous devions inviter un couple. Avant de les recevoir nous avons prié : « Seigneur si tu estimes que nous devons parler de toi, fais en sorte que nos voisins nous amène sur ce sujet ». Et le soir nous parlions des dernières vacances et nos invités nous disent : « Nous étions avec un groupe dans lequel se trouvait un pasteur. Il lisait la bible chaque jour. Je ferai peut-être bien d'en faire autant ». Le Seigneur nous y incitant, nous avons témoigné.

Un autre soir lors d'un dîner avec les responsables de mon entreprise accompagnés de leurs épouses, nous recevons d'une personne le signe du Seigneur pour annoncer la bonne nouvelle : « Quand je pense qu'après la mort il n'y a plus rien ».

Par contre un autre jour recevant un autre couple nous n'avons pu parler de Dieu ayant reçu au préalable dans la prière un texte de la bible nous en dissuadant. Quelques jours plus tard nous recevions une confirmation. La dame convertie nouvellement en avait parlé à son mari mais il n'avait pas été touché. Notre temps n'est pas le temps du Seigneur mais lui conduit toute chose avec sagesse.

L'Esprit suscite notre prière

Notre nouveau groupe de prière à Bernay devait se réunir pour la première fois le jeudi 5 février 1987 à la maison, quelques jours après avoir reçu ce don qu'est le chant en langues, représentant pour nous une bénédiction.

La prière est vitale pour un chrétien, Paul nous le rappelle dans sa première épitre à Timothée 2, 8 : **« Je veux donc que les hommes prient en tout lieu, levant des mains pures, sans colère ni dispute »**, et dans sa première épitre aux Thessaloniciens 5, 16-18 : **« [16]Soyez toujours joyeux. [17]Priez sans cesse. [18]En toutes choses rendez grâces : car c'est la volonté de Dieu dans**

le Christ Jésus à l'égard de vous tous. » Nous devons louer Dieu même dans l'épreuve aussi dur que cela nous paraisse, car à travers cette difficulté Dieu veut nous enseigner quelque chose pour qu'un jour notre joie soit parfaite.

La prière est à l'origine de tout. Comme le dit frère Ephraïm : « Notre action n'est jamais que le débordement de notre contemplation ». Oui, si nous agissons par nous-mêmes, notre action reste humaine. Nous devons donc invoquer le Saint Esprit avant d'entreprendre pour qu'il conduise notre action.

La prière n'est pas importante, elle est indispensable. La prière c'est la respiration du monde.

L'Esprit nous pousse à témoigner
De façon plus concrète, il faut avoir donné son cœur tout entier à Jésus, lui laisser toute la place pour qu'il nous emplisse de son Esprit. A l'écoute de l'Esprit, nous remarquons les multiples signes qu'il nous donne pour nous guider.

Le jour où nous avons découvert l'importance du témoignage, nous nous demandions comment faire et trouver l'occasion pour cela. Mais très vite nous avons constaté que les hommes ont soif d'entendre parler de Dieu et que les moments propices sont innombrables.

Il faut continuer à parler de Dieu mêmes si les réactions peuvent être parfois très vives et même blessantes. Ce n'est pas notre réputation ou la peur du qu'en dira-t-on qui importe, mais la proclamation de la bonne nouvelle.

Le Saint Esprit nous poussait à témoigner, mais avant d'annoncer la bonne nouvelle, nous nous efforcions toujours de prier connaissant l'efficacité de la prière au travers de l'évangile mais aussi pour l'avoir expérimenté. Les heures que nous passions à témoigner nous laissaient dans la joie et nous nous trouvions moins fatigués que pour une tout autre soirée. L'Esprit Saint nous donnait une audace sans pareille pour parler des merveilles que Dieu fit dans notre vie, pour parler de la Sainte parole de Dieu, et répondre ainsi à la soif du monde.

Oui Seigneur, nous te confions toutes les personnes que tu as mises et mettras sur notre route, guide-les par ton Esprit oh Jésus et montre-leur que tu es le seul chemin qui mène au Père ; car tu es le Chemin, la Vérité et la Vie.

3 Vie avec Dieu

3.1 Appel

Les signes

Nous avions donné notre vie à Jésus et après Ars où nous avions reçu beaucoup de grâces, nous pressentions que le Seigneur allait nous appeler à nous engager davantage. Nous aimions beaucoup la communauté du Lion de Juda, mais c'était un engagement total. Il fallait tout quitter pour y entrer, s'abandonner totalement en Dieu, lui faire pleinement confiance.

L'approche du Chemin Neuf nous vînt par le Bec-Hellouin où de nombreux membres du groupe de prière du jeudi soir étaient rattachés à cette communauté. Fondée par des jésuites, celle-ci était donc de spiritualité Ignacienne. Les membres vivaient soit en fraternité de vie, soit en fraternité de quartier. Belle communauté se caractérisant par une ouverture œcuménique à travers sa composition même : laïcs, prêtres ou pasteurs de confession chrétienne, c'est-à-dire catholiques, protestants ou orthodoxes. Cette spécificité la rendait proche du Bec-Hellouin. L'apostolat s'axait fortement sur la formation et sur la guérison des couples. Nous avions plusieurs couples amis qui en faisaient partie tout en restant dans le monde, se retrouvant régulièrement en soirées de partage ou en week-end couples appelés « Cana ».

Tout aurait dû nous entraîner vers le Chemin neuf : l'œcuménisme que nous avions vécu si fortement, le fait qu'à travers cette communauté nous pouvions nous engager plus intensément tout en restant dans le monde. Mais nous n'avons jamais ressenti un appel et malgré les invitations de nos amis, nous n'avons jamais assisté à une rencontre.

Le prêtre de Bernay, Pierre, membre de l'Emmanuel nous parlait depuis quelque temps de sa communauté. Il se retrouvait chaque lundi soir en maisonnée, c'est-à-dire avec une dizaine de membres pour partager, échanger et prier. Il allait chaque mois à un week-end qui réunissait une à plusieurs centaines de membres pour un temps de louange et d'enseignement. Ces rassemblements avaient lieu dans la proche banlieue parisienne.

Tout naturellement, il nous invita à l'une de ces rencontres en octobre 86 lors d'une des premières soirées qu'il passa à la maison. Mais notre petit Augustin de six mois est tombé malade, le vendredi, veille de ce week-end. Le médecin n'ayant rien trouvé, nous avons pensé à une intimidation pour notre projet et avons prié avec d'autres chrétiens pour sa guérison. Nous avons préparé nos bagages en mettant toute notre confiance dans le Seigneur et en lui disant : « Si vraiment tu veux que nous allions à ce rassemblement, Augustin sera guéri ». La nuit du vendredi au samedi fut très mauvaise, Augustin avait beaucoup de fièvre et gémissait. Le matin, après les radios, l'hospitalisation fut immédiate à Lisieux.

Mais nous avons « la nuque raide » et un week-end de février 87 nous devions aller à une autre rencontre de l'Emmanuel. Le vendredi matin, veille de notre départ, Aurore avait 40 degrés de fièvre avec une grippe. Dans la journée de ce vendredi une amie, Annick, nous téléphonait pour nous inviter. Le samedi midi je suis poussé à témoigner à Dominique à la sortie de l'école, et le soir nous témoignons pour trois couples au cours de l'invitation chez Annick. Nous nous couchons à deux heures du matin pour le Seigneur en disant « Christ, Aurore n'a plus de fièvre, si tu désires que nous allions à l'Emmanuel, nous serons réveillés avant 7h00 et de façon naturelle ».

Le dimanche à 7h00 nous étions debout. En moins de deux heures nous retrouvons Pierre à ce rassemblement dans une école de Chatou. La journée passée fut éclairante pour nous. La liturgie, la louange, les chants en langues nous comblèrent, mais nous avions vécu un cheminement propre avec nos frères protestants et donc un appel, une tension vers l'unité qui ne correspondait pas au charisme de l'Emmanuel, tel que nous l'avons du moins perçu.

Jésus nous a appris à dire : « Notre Père qui êtes au cieux, que votre volonté soit faite sur la terre comme au ciel ». Aussi, un vendredi de la fin du mois de novembre 86 nous avons demandé à Dieu ce qu'il désirait pour nous, en souhaitant une réponse le lendemain dans la boîte aux lettres. Le samedi, nous recevions « les clins d'œil du Saint Esprit », vidéocassette présentant la communauté du Lion de Juda à travers la fondation de l'abbaye blanche de Mortain en Normandie. Ce film, présentant ce nouvel ordre s'intégrant dans le renouveau charismatique, avait d'ailleurs était diffusé sur Antenne 2, le lundi de Pâques 1986.

Suite à ce signe de Dieu, nous avons demandé à passer une semaine avec nos enfants dans le monastère au moment de Noël, mais l'accueil était fermé pour permettre à la communauté de rester en famille.

Le mardi 10 février 1987 matin nous demandons à Dieu pour la deuxième fois ce que nous devons faire en souhaitant une réponse le jour même dans la boîte aux lettres. Nous recevons la revue pour enfants « Étincelles » de cette communauté du Lion de Juda. Comme insiste l'Amour ! Mais nous sentions que nous étions appelés à témoigner autour de nous, poussés par l'Esprit Saint. Le Seigneur nous envoyait toujours de nouvelles personnes pour dire notre vécu et nous ne nous imaginions pas dans un monastère surtout avec nos quatre enfants.

Le lendemain mercredi nous recevons Marie-Ange. Nous lui passons les cassettes vidéo du Lion de Juda sur le rassemblement de 1985 à Ars et sur l'abbaye blanche de Mortain. Dans cette dernière, le frère Cyril, « imprimeur » de la revue Feu et Lumière, raconte son cheminement personnel qui l'a mené à faire la route, à pratiquer la méditation transcendantale, à s'abandonner aux différentes drogues, pour finir après ces expériences par se retrouver au bord du suicide. Là Dieu l'attendait, et la rencontre a lieu à partir de la lecture des évangiles et de l'expérimentation de la Providence. Ensuite, frère Cyril est arrivé à la première maison du Lion de Juda : Cordes ; et la certitude s'est imposée à lui que c'était sa maison.

Marie-Ange est partie et pendant le reste de la soirée, la phrase « C'est là qu'est ta place » résonna dans la tête d'Anne. Au début, mon épouse crut qu'il s'agissait d'une phrase du témoignage du frère Cyril. Mais elle revenait tel un leitmotiv. Ne pouvant ni chasser cette phrase de son esprit, ni dormir, Anne dit : « Seigneur j'abandonne toute résistance et je te dis oui. Je sais bien que depuis quelque temps c'est cela que je redoutais, un appel à rentrer dans la communauté. J'avais peur que tu me demandes une oblation complète. Si réellement c'est cela que tu veux, montre-le-moi, donne-moi un signe ou un don, comme le parler en langues par exemple, pour me montrer que je ne suis pas le jouet de mon imagination ». Et aussitôt, Anne se mit à louer le Seigneur dans une langue nouvelle.

Nous écrivons dès le lundi 16 février 1987 à Mortain pour passer le week-end suivant chez eux. On nous répond positivement par retour de courrier, mais Augustin a une grosse bronchite et nous hésitons à partir. La nuit précédent notre voyage, Alexandre a de nouveau une otite avec hémorragie, ce qui nous contraint à annuler notre déplacement, mais nous permet d'accompagner deux personnes à une réunion du F.G.B.M.F.I. Quelques jours plus tard Alexandre nous remplit de joie : « Maman, j'aimerais bien aller dans une maison où l'on prie beaucoup Jésus ».

Fin février, nous recevons notre amie Dominique. Celle-ci après un engagement dans le scoutisme et des études médicales, était partie avec Médecins sans frontières dans un camp de réfugiés en Thaïlande. Puis ressentant un appel à une vie consacrée, Dominique était entrée au noviciat des Petites Sœurs de l'Évangile, pour s'apercevoir au bout d'un an, après un passage dépressif que ce n'était pas sa voie. La discussion sur cette expérience de vocation nous fit chanceler.

Début mars nous prévenons nos enfants que nous passerons les vacances de Pâques près de Cordes, première maison du Lion de Juda et Arnaud de nous dire : « Je sais, même on ne va plus jamais revenir ».

Le dimanche suivant à la messe, l'Évangile était Luc 12, 22-32 et surtout 22-24 : « **[22]Et il dit à ses disciples : « C'est pourquoi je vous dis : ne vous inquiétez pas pour (votre) âme de ce que vous mangerez, ni pour votre corps de quoi vous le vêtirez ; [23]car l'âme est plus que la nourriture et le corps plus que le vêtement. [24]Considérez les corbeaux, qui ne sèment ni ne moissonnent, qui n'ont ni cellier ni grenier, et Dieu les nourrit ! Combien plus valez-vous que les oiseaux ! »**.

Le prêtre avait préparé une homélie mais, poussé par l'Esprit, il dit : « Ce qui peine le plus Dieu c'est de ne pas lui faire confiance. Comme Père il désire le meilleur pour nous. C'est vraiment la plus grande offense que d'avoir peur de ce qu'il va nous demander alors qu'il ne désire que notre bien ». En cet instant Anne se sentit très fortement concernée. Malgré l'appel de Dieu indéniable, elle était tourmentée et redoutait beaucoup de choses. A partir de ce moment là, elle demanda pardon à Dieu de lui avoir fait de la peine et désira ardemment connaître ce que le Seigneur nous avait préparé.

Ayant subi des entraves et combats spirituels à chaque fois que nous voulions nous tourner vers Dieu, nous avons demandé la prière fraternelle au groupe du jeudi soir au Bec-Hellouin pour nous permettre de partir en vacances de Pâques jusqu'à Cordes sur Ciel.

Quelques jours avant le départ, Arnaud fut pris de fièvre : 40 degrés. Les analyses d'urines et de sang ne révélèrent rien et sa température baissa dès le lendemain sans que nous en comprenions l'origine. Sur la route pour nous rendre dans les environs d'Albi, à l'arrêt du déjeuner, Arnaud tombe et s'ouvre le menton sur un centimètre et demi, nécessitant la pose d'une agrafe. Le lendemain dimanche 19 avril, je m'ouvre le cuir chevelu dans le gîte rural situé dans un château du treizième siècle, en me cognant trois fois sur la pierre servant de linteau à la porte basse de la cuisine.

Après ces péripéties nous retrouvons, comme à Ars, la beauté liturgique des offices et nous percevons toute l'acuité de ce très grand écrivain russe Fédor Dostoïevski quand il laissa échapper ces quelques mots : « **La beauté sauvera le monde** ». Beauté qui s'explique d'abord par le chant en langues, donc inspiré par le Saint-Esprit ; mais aussi par les autres chants qui proviennent pour la plupart d'une transcription en notes et paroles de cette louange des anges.

Le samedi à 18h00, la soirée de vêpres et d'intercessions réunissait dans la communauté de Cordes des personnes venant de tout le département et des départements limitrophes. Après les prières liturgiques et les chants inspirés du Saint-Esprit, une vingtaine de paroles (1 Corinthiens 12) vinrent annoncer des guérisons et des conversions. Le divin devenait sensible. Des gens pleuraient témoignant du passage du Christ dans leur vie, leur apportant la repentance. Puis les personnes, désirant la prière, pouvaient s'avancer. Soirée merveilleuse de la présence de Dieu et du travail de la grâce.

La maison de Cordes, trop petite pour nous recevoir, nous permit cependant de passer chacun à notre tour une journée complète, partageant offices, travail, repas. Anne, en allant à l'adoration lut sur la Bible déjà ouverte, Actes des apôtres 4, 32-35 : « **[32]Or la multitude des croyants n'avait qu'un cœur et qu'une âme, et nul ne disait sien rien de ce qu'il possédait, mais tout était commun entre eux. [33]Avec beaucoup de force les apôtres rendaient témoignage de la résurrection du Sauveur Jésus, et une grande grâce était sur eux tous. [34]En effet, il n'y avait parmi eux aucun indigent, puisque tous ceux qui possédaient des terres ou des maisons les vendaient et apportaient le produit de la vente, [35]qu'ils déposaient aux pieds des apôtres ; et on distribuait à chacun ce dont il avait besoin.** »

Et le soir aux vêpres, Anne entendait ce passage de Luc 9, 23-25 : « **[23]Et, s'adressant à tous, il dit : « Si quelqu'un veut venir à ma suite, qu'il se renonce lui-même, qu'il prenne sa croix chaque jour et me suive. [24]Car celui qui voudra sauver sa vie la perdra ; et celui qui perdra sa vie à cause de moi, la sauvera. [25]Quel profit en effet a l'homme qui a gagné le monde entier, mais qui s'est ruiné lui-même ou perdu ?** ».

Nous avons parlé des signes reçus à sœur Marie-Christine. Son conseil fut de confier nos enfants et de nous rendre une semaine dans une des fondations du Lion de Juda.

Avant de quitter Noailles où nous logions près de Cordes, Anne pria pendant deux jours pour demander un texte pour l'éclairer et reçut en ouvrant la Bible Samuel livre 2 Ch 2, 1-4 : « **[1]Après cela, David consulta YaHWeH, en disant : « Monterai-je dans l'une des villes de Juda ? » YaHWeH lui répondit : « Monte ! » David dit : « Où monterai-je ? » Et YaHWeH répondit : « A Hébron. » [2]David y monta, avec ses deux femmes, Achinoam de Jezraël et Abigaïl de Carmel, femme de Nabal. [3]David fit monter aussi les hommes qui étaient avec lui, chacun avec sa famille ; ils habitèrent dans les villes d'Hébron. [4]Et les hommes de Juda vinrent, et là ils oignirent David pour roi sur la maison de Juda** ».

Ces signes du Très Haut répétés nécessitaient pour nous un discernement extérieur. Ce qui aurait dû être évident, ne l'était pas pour nous. Sans doute n'étions-nous pas tout à fait prêts à l'entendre ?

Aussi le 15 mai après le groupe de prière du Bec-Hellouin, nous nous sommes confiés au prieur du monastère. Après lui avoir tout expliqué, il nous dit : « Vous avez un authentique appel. Mais il faudra voir si vous pouvez y répondre. »

Quelle délicatesse ! Nous étions étonnés qu'un moine, qui a donné sa vie à Dieu, puisse dire cela. Nous avions un appel, mais nous demeurions parfaitement libres. Pour nous l'appel était tranché, alors que Dieu ne nous force en rien. Il respecte infiniment notre liberté. Son amour est toujours le même à notre égard quelque soit notre réponse.

Fin mai ma cousine Ginette, religieuse de la Sainte Union, nous appelait au téléphone. Ayant toujours eu une grande affection mutuelle nous nous confions et elle nous dit : « Si c'est un appel de Dieu, vous ne pouvez pas vous tromper ». Anne lui précise : « Chaque fois que nous désirons faire quelque chose pour Dieu, nos enfants tombent malades, nous pensons que « l'autre » cherche à nous entraver ». Cousine Ginette nous répond : « Je n'osais vous le dire mais j'ai pensé plusieurs fois qu'à travers les difficultés de santé de vos enfants, le Seigneur vous préparait un tel cheminement ».

Pour la Pentecôte nous revenions dans notre famille à Lille et Roubaix. Au cours d'une discussion, le père d'Anne laissa tomber ces quelques mots : « Cela ne nous étonnerait pas si un de ces jours vous nous annonciez que vous rentrez dans un monastère… ».

Nous n'avions pas encore parlé de cet appel de Dieu dans notre famille sentant que les cœurs n'étaient pas prêts à le recevoir. Nous-mêmes étions en quête de ce que Dieu attendait de nous. C'était déjà bien assez compliqué pour nous sans y ajouter les réflexions et sûrement l'inquiétude de nos familles.

Les amis de l'agneau

Fin juin, l'opportunité s'était faite de confier nos quatre enfants et de prendre une semaine de congé. Aussi nous avons demandé à l'abbaye blanche de Mortain l'hospitalité pour six jours.

C'était la première fois que nous confiions nos enfants et cela marquait nos dix ans de mariage. La réponse tardant à venir, un coup de téléphone nous apprit que la réunion annuelle des responsables l'avait retardée. Nous pouvions cependant venir du samedi 22 juin au vendredi 28 juin 1987.

Le samedi nous arrivions juste pour les vêpres. Au cours de cet office une parole de connaissance nous concerna directement : « Un couple parmi nous connaît le Seigneur depuis quelques années et le Seigneur va leur donner un plus grand désir de l'Eucharistie et de l'Adoration ». La soirée fut festive comme chaque samedi pour célébrer la résurrection du Sauveur et son peuple dansait et éclatait de joie. Chaque semaine la communauté commémore la passion du Sauveur en jeûnant le jeudi soir, le vendredi midi et en célébrant sa résurrection par la fête du samedi soir.

La nuit fut épouvantable pour Anne en proie à des angoisses très fortes, à des visions horribles. Elle tremblait et claquait des dents. Elle désirait faire ses valises et partir immédiatement. Elle ne se reconnaissait plus elle-même. N'en pouvant plus, elle me réveilla et nous avons prié…

Le dimanche nous avons pris le petit déjeuner avec Ephraïm. L'après-midi nous nous sommes rendus à Villedieu, pour la procession du Saint Sacrement organisée comme tous les quatre ans par les chevaliers de l'ordre souverain de Malte, en l'occasion de la Fête Dieu. Toute la ville était fleurie et des milliers de personnes s'étaient assemblées sous le soleil. Étant la seule ville ensoleillée des environs, les quotidiens purent titrer en première page : « Miracle à Villedieu ».

Le lundi et le mardi Anne assurait un service à la cuisine le matin et triait des vêtements l'après-midi, tandis que je travaillais à l'imprimerie. Le mardi midi pendant la messe, Anne s'était mise à pleurer. Elle n'arrivait pas à se contenir tandis que l'officiant disait : « Le Seigneur nous comble de joie ». Anne redoubla de larmes, puis reprit confiance offrant sa souffrance pour la conversion d'un être cher. S'adressant à Dieu elle dit alors : « Seigneur, je sais que tu n'éprouves jamais au delà de nos forces. Je n'en peux plus, ne permets plus que je sois éprouvée, je suis au bout de mes limites. Cependant même si je suis malheureuse, je ferai ce que tu demandes Seigneur et je rentrerai dans la communauté. ».

Le midi au cours du repas une personne nous parla d'une famille de quatre enfants ayant reçu un appel. La mère avait dit : « Je ne rentrerai que si tous mes enfants le désirent ». Cette maman était sûre qu'au moins un enfant n'accepterait jamais. Tous ses enfants ont voulu vivre au sein de la communauté. Elle tînt parole, entra en communauté, mais pleura pendant deux ans avant que la paix de l'acceptation se fasse en elle.

Le soir de ce jour nous apprenons qu'Augustin à 39,5 degrés de fièvre. Je dis à mon épouse : « Je n'en peux plus, je ne me vois pas rester davantage ici… ».

Le mercredi matin nous apprenions qu'Augustin n'avait plus de fièvre. Rassurés de ce côté, mais n'en pouvant plus des deux jours précédents, nous demandons à passer la journée au Mont Saint Michel, ce qui nous fut accordé.

Nous étions partis pour nous rendre au Mont, mais sans trop savoir ni pourquoi ni comment, nous nous dirigeons à Saint-Broladre, autre maison de la communauté, située près du mont Saint Michel. A la librairie nous nous procurons le Livre de Vie suivi de la liturgie des heures qui présente la spécificité de la communauté et qui, venant d'être édité, n'était pas encore disponible à l'Abbaye Blanche. La sœur nous prévient que nous avons juste le temps pour la messe de 12h15 au Mont Saint Michel.

Nous arrivons ainsi au mont où l'archange est vénéré, pour la messe avec les moines. Venus se réinstaller à l'abbaye à l'occasion du millénaire, ils provenaient des monastères normands de Saint-Wandrille et du Bec-Hellouin. A la fin de la messe le prêtre ajouta quelques mots sur l'importance du témoignage, là où nous étions : dans notre vie de tous les jours, en restant à notre place. A la fin de la messe les moines entonnèrent un chant du Lion de Juda : « Le souvenir du juste s'accompagne ».

En ce jour, lendemain du sixième anniversaire des apparitions de Marie à Medjugorje en Yougoslavie et jour de la Saint Jean-Baptiste, nous avions quitté Mortain mais tout nous ramenait à cette communauté contemplative du Lion de Juda et de l'Agneau Immolé.

Nous sommes rentrés à Mortain pour les vêpres où la prière en langues nous combla. Les membres de la communauté ont prié les uns pour les autres et se sont donné mutuellement le baiser de paix. Nous avons retrouvé des frères et sœurs en Christ. Jean 13, 34 « **Je vous donne un** commandement nouveau : que vous vous aimiez les uns les autres ; que, comme je vous ai aimés, vous aussi, vous vous aimiez les uns les autres ».

Après l'office, en allant se mettre à table pour le repas du soir la sœur Françoise-Marie nous parle et s'assoit entre Anne et moi. Nous lui expliquons tout : les signes reçus, nos journées à Mortain, notre escapade au Mont Saint Michel. Nous lui disons : « Nous avons un appel, mais nous ne comprenons pas, cela ne va pas. Nous avions pensé à un tiers ordre, mais cela n'existe pas. Nous sommes dans l'impasse... ». Et Françoise-Marie de nous dire sans nous le dire : « Cela pourra peut-être s'arranger, allez voir Ephraïm ».

Le lendemain jeudi, à l'atelier où je retournais travailler deux personnes, accueillies par la communauté mais n'en faisant pas parties, en viennent aux mains pour un motif futile et je suis obligé de m'interposer. Le combat spirituel continuait...Françoise-Marie nous expliqua que les difficultés rencontrées étaient peut-être le signe d'un authentique appel...

Vendredi, jour de notre départ, nous réussissons à avoir un entretien avec le fondateur du Lion de Juda, frère Ephraïm. Nous lui expliquons brièvement notre cheminement et il nous dit : « Vous avez le charisme de l'évangélisation, j'ai ici quelque chose qui devrait vous intéresser. ». Après quelques difficultés pour retrouver le nom du fichier à imprimer, il nous donne deux feuilles en nous demandant de lire tout haut ; le titre : **Les amis de l'agneau**. Il s'agissait tout simplement d'une formule de rattachement à la communauté se rapprochant d'un tiers ordre. Plusieurs bergers (responsables d'une maison) l'avaient reçu du Saint Esprit et, quinze jours auparavant, la décision était prise lors d'une réunion de tous les bergers en chapitre. Et Ephraïm d'ajouter : « Vous êtes les premiers à qui je propose cela ».

Nous étions le jour de la fête du Sacré Cœur et après Mortain nos vacances se prolongeaient juste à côté de Cordes pour se terminer ensuite à Paray le Monial, la ville du Sacré Cœur de Jésus.

En juin 1675, Jésus était apparu à une sœur de la Visitation, Marguerite-Marie, lui disant :
« **Voilà ce cœur qui a tant aimé les hommes, qu'il n'a rien épargné jusqu'à s'épuiser et se consumer pour leur témoigner son amour. Et pour reconnaissance je ne reçois de la plupart que des ingratitudes, par leurs irrévérences et leurs sacrilèges, et par les froideurs et les mépris qu'ils ont pour moi dans ce sacrement d'amour. Mais ce qui m'est encore le plus sensible est que ce sont des cœurs qui me sont consacrés qui en usent ainsi.**
C'est pour cela que je te demande que le premier d'après l'octave du Saint Sacrement soit dédié à une fête particulière pour honorer ce Cœur, en communiant ce jour-là et en lui faisant réparation d'honneur par une amende honorable, pour réparer les indignités qu'il a reçues pendant qu'il a été exposé sur les autels.
Je te promets aussi que mon Cœur se dilatera pour répondre avec abondance les influences de son divin amour sur ceux qui lui rendront cet honneur et qui procureront qu'il lui soit rendu ».

Discernement de l'appel

Tout s'expliquait, avec le recul du temps tout devenait limpide. Les quatre signes, permettant de discerner un appel, concordaient, authentifiant la volonté divine sur nos vies :
- la certitude intérieure s'accompagnant d'une joie et d'une sérénité profonde,
- la concordance des événements extérieurs,
- la confirmation par la parole de Dieu,
- le discernement d'un directeur spirituel.

Notre cheminement spirituel s'était fait avec la communauté : de la cassette présentant la communauté aux trois premiers appels, en passant par le rassemblement d'Ars 86. Nous ressentions un très grand attachement pour le Lion de Juda et pressentions que quelque chose devait se concrétiser dans cette relation privilégiée. Tour à tour, désirant entrer dans la communauté puis, souhaitant rester dans le monde pour évangéliser, nous n'étions cependant point en paix. Celle-ci nous fut donnée le dernier jour de notre séjour à Mortain...

Les événements extérieurs nous avaient conduits de façon saisissante dans le lieu de Mortain au moment précis où nous pouvions obtenir une réponse à l'appel de Dieu. C'est ainsi qu'aux vacances de Noël 1986, la communauté ne pouvait nous recevoir, l'accueil étant fermé. Peu après en février, nous annulions le séjour prévu également à Mortain suite aux maladies de nos enfants. Aux vacances de Pâques 1987, Marie-Christine nous conseillait d'aller une semaine dans une maison du Lion de Juda sans nos enfants. Enfin, au mois de juin, nous pouvions confier nos quatre enfants. Cela nous permit de séjourner une semaine à Mortain, juste après que les bergers aient reçu cette motion du Saint Esprit de débuter une oblation dans le monde.

La confirmation par la Parole de Dieu correspondait à notre quatrième appel (Samuel livre 2, Ch 2, 1-4).

Le discernement d'un directeur spirituel nous fut donné par le Seigneur, au travers du père prieur du Bec-Hellouin qui nous conforta vis-à-vis du Lion de Juda, et par Ephraïm qui nous permit de rendre cohérent ce que nous avions vécu et d'être ainsi en paix.

Sagesse de Dieu : tout en restant dans le monde, nous devions consacrer notre vie au Seigneur, un peu comme les membres de l'Emmanuel mais en faisant partie de la famille spirituelle de la communauté du Lion de Juda. Nous avions souhaité aller à Lourdes en cette année mariale avec le Lion de Juda ou à Grenoble avec les hommes d'affaires du plein évangile pour leur congrès européen. Mais ces deux rassemblements se déroulaient fin juillet début août, période où je n'étais pas disponible pour raisons professionnelles. C'est ainsi que nous nous sommes retrouvés inscrits à une session de Paray le Monial de l'Emmanuel avec cinq autres couples de nos amis.

Mortain nous apprit par notre vécu et le témoignage de frère Cyril, la vraie pauvreté. Celui-ci en effet en faisant « la route », avait connu la pauvreté matérielle qu'il trouvait facile à vivre comme étant d'une certaine manière source de libération. La pauvreté dans une communauté n'est pas d'origine matérielle, c'est la pauvreté de soi. Avoir l'humilité de savoir que l'on n'est rien, accepter dans la joie et la confiance ce que le berger nous demande de faire, quoi que ce soit et en quelque lieu que ce soit, en y voyant la volonté de Dieu. La pauvreté c'est s'abandonner complètement à la divine providence dans un élan d'amour fou qui rejoint la folie d'amour du Christ crucifié.

L'obéissance, l'anéantissement de sa volonté propre dans l'accomplissement de simples tâches matérielles, sans doute, est-ce ce qui nous avait paru si dur et nous avait tant « travaillé » durant ce temps fort à l'abbaye blanche.

Que sera demain ?

En quittant Mortain Anne et moi-même nous nous étions dit : « Aujourd'hui les « amis de l'agneau » mais demain ? » Nous pressentions un appel vers une oblation complète au sein de la communauté du Lion de Juda et de l'Agneau Immolé. D'ailleurs il nous semblait à tous les deux qu'Ephraïm avait dit : « Actuellement vous avez le charisme d'évangélisation ; pour le moment vous restez dans le monde », sous entendu demain….Avons nous rêvé ?

De tout temps je me suis posé la question comment être chrétien sans tout vendre, sans se déposséder de tout et suivre ainsi l'enseignement de Jésus ? Renouant avec les premiers chrétiens, le Lion de Juda permettait de répondre à cette question fondamentale.

Depuis l'effusion du Saint Esprit, une béatitude revenait dans mon esprit sans cesse : « Heureux les cœurs purs car ils verront Dieu ». Je comprends aujourd'hui ce que sera le paradis, cette vision qui nous remplira de louanges. Mais pour voir celui qui est sainteté et pureté nous devons nous purifier.

La mission

Nos vacances se prolongèrent début juillet dans un gîte rural à Noailles (comme à Pâques) à quelques kilomètres de Cordes sur Ciel.

Nous avons passé la journée du 9 juillet au sein de la communauté avec nos enfants. La paix, la quiétude contrastaient avec le combat subi à Mortain. Le samedi de cette même semaine nous avons assisté à l'office des vêpres ensemble, une sœur s'étant proposé de garder nos enfants. La lecture de la parole était tirée de la lettre de Saint Paul à Tite et l'homélie portait sur l'obéissance.

Après le temps de prière liturgique et quelques chants en langues, les personnes qui le désirent, s'avancent pour demander la prière des frères et sœurs en Christ. Anne hésite parce qu'il y a beaucoup de monde mais j'insiste. Nous nous rangeons dans la file et quand vient notre tour nous allons en couple devant sœur Marie-Christine et un frère de la communauté. Sur les cinq groupes en prières, c'est justement Marie-Christine qui est disponible, Marie-Christine qui nous a guidés à Pâques dans notre désir de comprendre la volonté du Père dans nos vies.

Nous demandons la prière pour les amis de l'agneau et pour pouvoir accepter la volonté de Dieu, même si demain, nous devons rentrer dans la communauté. Marie-Christine nous dit alors : « Je crois que le Seigneur a besoin de vous pour les amis de l'agneau. Nous allons prier pour que ce ne soit plus vous qui décidiez, qui cherchiez, mais pour que vous vous abandonniez et que ce soit le Seigneur qui vous éclaire, vous conduise et vous guide ». A ce moment précis, Anne sentit un relâchement la submerger. Un relâchement comme si elle ouvrait les vannes et lâchait les freins à toutes ses inquiétudes. Elle eut un repos dans l'Esprit-Saint.

Anne se retrouvant allongée, ferma les yeux et se mit à sourire aux anges, au monde céleste, à Dieu…Anne se sentait en toute tranquillité, en paix. Elle n'avait rien à craindre, ressentant la puissance de Dieu, et sachant qu'il allait s'occuper de tout. Anne s'interrogeait encore ces jours-ci : « N'est-ce pas une fuite à l'appel de Dieu ? Les amis de l'agneau n'est-ce pas la solution de facilité ? ». Par ce repos dans l'Esprit, elle ressentit comme le sceau de l'agneau dans son cœur, comme si Jésus lui disait : « Continue, tu es dans la bonne voie ». Pour ma part une très grande paix me pénétrait, j'étais profondément pacifié.

Avant de quitter Marie-Christine nous lui indiquons que nous désirons nous engager dans « Mère de Miséricorde ». Cette œuvre, qui a pris naissance à Cordes, lutte dans la miséricorde contre l'avortement qui transperce à chaque fois le cœur de Dieu.

Cette aide se fait à différents niveaux par :

- la prière et le jeûne,
- l'écoute téléphonique permanente,
- l'assistance et les conseils,
- les familles d'accueil.

Sœur Marie-Christine, médecin, s'en occupait depuis Cordes.

Nos vacances se terminèrent à Paray le Monial avec une session de cinq jours organisée par la communauté de l'Emmanuel. Deux couples d'amis de Bernay et trois couples du Nord nous rejoignaient à cette occasion. L'un de ces couples nous avait trouvé un logement au couvent des dominicaines, connaissant une religieuse. C'était le dernier logement disponible.

Notre désir d'engagement dans les amis de l'agneau, en union avec nos frères et sœurs du Lion de Juda, nous incitait à jeûner le jeudi soir et le vendredi midi en mémoire de la passion de Notre Seigneur Jésus Christ. Nous sentions cependant que cela n'était pas possible n'étant pas seuls, à notre grand regret. Mais, dans notre groupe de partage d'une douzaine de personnes, une dame nous demanda la prière pour la fille d'une amie qui devait se faire avorter le lendemain. La prière et le jeûne furent décidés pour vingt-quatre heures. Comment ne pas voir en cela un clin d'œil de Dieu approuvant notre engagement à Mère de Miséricorde ?

Lors de cette session sœur Emmanuelle, des chiffonniers du Caire, témoigna pour petits et grands.

Un accompagnement spirituel permit à notre fille Aurore de préparer et de faire sa première communion lors de la messe de clôture.

La veille du départ, le mardi 21 juillet, Aurore nous raconta la belle histoire retenue dans l'après-midi.

Un jour Saint Augustin vit un ange, sous la forme d'un enfant, sur une plage de sable en train de remplir des seaux d'eau de mer et de les vider dans le trou qu'il avait réalisé. Le grand docteur de l'église lui dit : « Mais tu n'arriveras jamais à vider la mer dans ce petit trou ». L'ange lui répondit : « Il me sera plus facile de vider la mer dans ce trou que toi de comprendre le mystère eucharistique ».

Pour Anne c'était une réponse car souvent elle s'interrogeait et même se reprochait de ne pas comprendre davantage ce mystère d'amour. Pour ma part je connaissais cette histoire mais au sujet de la Sainte Trinité.

Nos amis nous avaient parlé des grâces de l'adoration de nuit mais un réveil naturel ne s'était toujours pas produit bien que l'ayant demandé le soir à Dieu. La veille du départ, je réitère ma demande dans la prière. Cette fois je fus réveillé vers 3 heures du matin. Devant prendre la route quelques heures plus tard et me trouvant bien dans mon lit, j'y reste. Dix minutes plus tard, me rendant compte que je ne me rendormirais pas, je me levai pour aller adorer le Saint Sacrement exposé à la basilique. J'y reçus une grâce d'adoration dans ce face à face, dans ce cœur à cœur préfigurant le paradis. Oui, c'est par ce cœur, qui nous aime tant, que tu nous inondes de tes grâces, Jésus.

En ces instants me revient la parole de connaissance entendue à Mortain un certain samedi de juin : « un couple parmi nous connaît le Seigneur depuis plusieurs années et le Seigneur va leur donner un plus grand désir de l'Eucharistie et de l'adoration ».

Nous sommes revenus en Normandie avec Claire (fille du responsable de la revue Famille Chrétienne) qui habitait près de chez nous. Cela nous permit de louer le Seigneur pour toutes les merveilles qu'il fit et continue à faire dans nos simples vies.

Oh, Esprit de Sainteté, nous te prions pour tous les êtres que tu mets sur notre route afin que nous nous effacions, indignes que nous sommes, pour te laisser toute la place. Toi qui est Seigneur à l'égal du Père et du Fils, fais que nous soyons des instruments dociles entre tes mains pour révéler que Jésus est le Seigneur.

Nous comprenions, après toutes les grâces reçues, pourquoi le Saint Esprit nous avait guidés à Paray le Monial.

Nous devions recevoir quelque temps après dans notre groupe de prière le texte de bible suivant, première épître aux Corinthiens 10, 31-33.
« **[31]Soit donc que vous mangiez, soit que vous buviez, ou quelque autre chose que vous fassiez, faites tout pour la gloire de Dieu. [32]Ne soyez en scandale ni aux juifs, ni aux grecs, ni à l'Église de Dieu. [33]C'est ainsi que moi-même je m'efforce en toutes choses de complaire à tous, ne cherchant**

pas mon propre avantage, mais celui du plus grand nombre, afin qu'ils soient sauvés. »

Oui, à travers cette lettre de Paul, nous sommes appelés à travailler pour que le plus grand nombre soit sauvé. Ne cherchons pas à défendre notre clocher ou notre communauté. L'essentiel c'est que le plus grand nombre se donne à Dieu pour le glorifier, lui qui est seul digne de louanges.

Actuellement notre mission, telle que nous l'a montrée le Saint Esprit, consiste à faire partie des hommes d'affaires du plein évangile, de Mère de Miséricorde, et surtout à partager la spiritualité de la communauté du Lion de Juda et de l'Agneau Immolé à travers les amis de l'agneau.

Achevé à Menneval (Eure, Normandie) au début de l'an de grâce 1988.

3.2 Résurrection
<u>Un songe</u>

     Abraham!
     Le sacrifice d'Abraham!
     Un mois déjà que j'étais Abraham...

     Une épouse!
     Le songe d'une épouse!
     Six mois déjà que tu fis ce songe...

Un songe, devais-je m'inquiéter d'un songe ?

    Aujourd'hui nous savons qu'il est des songes envoyés par Dieu. Ils nous sont donnés pour nous éduquer, nous préparer à assumer notre destin, voire changer notre destin par la puissance de la prière.

    Un matin, t'en souvient-il ? Tu me fis le récit d'un rêve fort. Tu venais de le recevoir et il te marquait si intensément que tu le vivais prémonitoire :

    De l'eau, de l'eau pure, de l'eau très pure, tu t'étonnais.
    Une eau, une eau limpide, une eau comme translucide, tu t'approchais.
    L'eau, l'eau transparente dans une coupe,
    l'eau en une coupe transparente,
    ton regard se posait.

    Non, pas une coupe, mais une étroitesse, comme un goulot, se dessina. Alors des insectes, deux guêpes voulurent y entrer, tu les chassas. Par ce geste, la coupe avec cette eau si précieuse manqua se renverser. Puis ton regard, du dessus de cette transparence, pénétra, s'enfonça en ses profondeurs.

Et là, tu vis: une eau de plus en plus opaque.
Et là, tu vis: une eau souillée, peuplée d'algues de rivière, parcourue d'insectes d'eau.
Et là, tu vis: une eau glauque, un serpent au fond relevant la tête en ricanant et près de lui, un autre serpent beaucoup plus petit.

Tu t'éveillais dans l'instantané, en état émotionnel, voire commotionnel, après un rêve qui sonnait comme un avertissement. L'analogie du serpent et de Satan s'imposait. Une épreuve se profilait, suivie d'une autre moins importante (le deuxième serpent plus petit). Par l'eau, Anne pensait à Lourdes et donc à une épreuve pour nos vacances. Mais s'agissait-il d'un danger physique ou spirituel ?

Notre inscription était faite pour le pèlerinage à Lourdes avec la communauté du Lion de Juda et de l'Agneau Immolé du 25 au 30 juillet 1988. Précédemment nous devions passer trois semaines en gîte rural dans le Quercy. Tardivement demandé, c'était le dernier gîte disponible dans le Lot.

Par l'intensité de son rêve vécu, comme dramatique, Anne ne désirait plus partir à Lourdes, y pressentant un danger sans doute d'ordre spirituel. Recherchant un discernement, nous nous sommes confiés au prieur du Bec-Hellouin. Celui-ci nous apaisa et nous conseilla de nous abandonner dans la confiance en Dieu, en priant. Il nous dit que Dieu ne donnait jamais des songes pour nous mettre sens dessus dessous, mais pour nous préparer et nous inciter à la prière.

Le jeudi avant notre départ pour le Quercy nous participâmes au groupe de prière du jeudi soir au Bec. Là, un couple d'amis, de frères devrais-je dire, nous apprit un chant de louange précédemment entendu à la Porte Ouverte de Chalon-sur-Saône :

« Alléluia, Alléluia ;
Alléluia, Alléluia ;
Jésus est vivant, Jésus est vivant ;
Il a vaincu la mort, Il nous a donné sa vie. »

Le samedi 2 juillet, le soleil levant nous vit quitter Bernay pour nous diriger plein Sud. La journée s'écoula au rythme des kilomètres et de ce chant qui s'imposait à mon épouse malgré elle : « Il a vaincu la mort, Il nous a donné sa vie ». Dans le milieu de l'après-midi, Quissac, petit village du causse de Gramat nous accueillait dans une demeure typée en pierres et poutres apparentes. Partis de bon matin, arrivés de bonne heure, nous repartîmes illico à Gramat pour faire les courses.

De retour au gîte, l'occupation ne manquait pas, vider les valises, ranger les bagages, faire les lits, laver la vaisselle, préparer le souper, mettre la table. Un coup d'œil sur l'environnement : un jardin clos devant la maison, un jardin derrière assez grand, également clos. Nous pouvions vaquer à notre travail, les enfants s'égaillant dans ce vaste enclos. Il avait plu et nous leur avions mis leurs bottes pour jouer dans l'herbe mouillée.

Tout en travaillant, nous confions notre famille, notre séjour au Seigneur.

Il a vaincu la mort, Il nous a donné la vie

Puis, le repas prêt et la table mise, nous appelons nos enfants pour le repas du soir. Aurore, Alexandre, Arnaud accourent. Augustin manque à l'appel. L'inquiétude me gagne, le temps s'accélère.

Je demande à mon épouse : « Est-il monté? ».

« Non, je ne pense pas », me répond Anne.

Anne monte le chercher à l'étage.

Je sors avec Aurore, d'un regard circonspect je note qu'il n'est pas dans ce jardin bien que les portes donnant sur la route soient fermées. Nous contournons la maison, nous ne le voyons pas non plus. Nous avançons vers le fond du jardin, celui-ci étant assez grand.

Aurore me dit alors : « Il est peut-être caché derrière l'arbuste ».

Un arbuste est situé au fond, dans le coin droit du jardin. J'avance et me trouve près d'un trou d'eau d'environ deux mètres carrés, au trois quarts recouvert de lentilles vertes ; un trou d'eau en contrebas, ne se détachant de son écrin de verdure qu'à proximité immédiate.

L'eau est immobile.

Je regarde presque machinalement cette eau tendu par ma recherche : soudain un visage, un visage blanc comme un masque ; soudain un visage, un visage blanc comme la mort ; soudain le visage, le visage de mon fils, de mon petit, de mon Augustin.

Le temps s'immobilise.

La durée n'inscrit plus le temps qui ne passe pas.

C'est le présent, c'est le présent aujourd'hui deux ans après.

C'est l'éternel présent.

C'est la déchirure, c'est ma déchirure, c'est notre déchirure, même deux ans après.

Et pourtant, pourtant, je veux crier ton amour, oh Christ, notre Roi.

Je ne suis plus moi. Je ne suis plus mon ego. Court-circuitant la réflexion, l'instinct me met dans l'eau. Mes deux bras passent sous le petit corps sans vie. Je remonte du trou d'eau en tenant la chair de ma chair et en m'efforçant de protéger mon tout petit. Plus tard, je m'aperçus qu'à ce moment là je m'étais écorché les coudes et les jambes, mais là, plus rien n'existait.

Je hurle : « Aurore, maman, les pompiers ». Je cours avec Augustin. La mort est sur lui. Il est violet et blanc. Je cours en enlevant une espèce de sangsue sur son oreille. Anne accourt, comprend, court prévenir les voisins.

Je hurle à Jésus intérieurement sans émettre un son : « Seigneur, ce n'est pas possible de telles douleurs, il faut que tu reviennes... ».

Je pose Augustin près de la maison dans l'herbe. Je commence à essayer de chasser l'eau et à faire le bouche à bouche tout en disant à Aurore d'aller chercher un oreiller. Elle revient avec un petit matelas. En faisant la respiration artificielle, je dois retourner Augustin car l'eau ressort des poumons.

Anne revient et crie vers Dieu la douleur d'une mère. Cette douleur que la Mère du Verbe cria vers l'éternel en voyant son fils sur la croix.

Anne crie : « Au secours, au secours » tout en courant vers la première maison du village. Elle sonne, c'est un gendarme qui vient. Il avait entendu les cris, mais croyait que des vacanciers s'amusaient… Il demanda à sa femme d'appeler les pompiers. Il sortit et accompagna Anne pour nous rejoindre et nous aider.

Plus tard il nous dira : « Je n'osais pas vous le dire mais je me disais que c'était trop tard car j'avais déjà vu des noyés dans mon métier de gendarme ».

Tout en faisant la respiration artificielle, je prie. Nous prions dans notre langue et dans la langue céleste. Nous prions, c'est à dire nous hurlons vers Dieu. Notre être est centré sur Dieu. Notre être entier, corps, âme, esprit est tendu vers Dieu.

Nous nous disons, sans nous concerter Anne et moi, que nous sommes arrivés trop tard, mais à cause de ton nom, Jésus, nous croyons qu'il peut revenir à la vie.

Après un temps d'environ une demi-heure qui nous paraît interminable :

soudain, soudain l'inattendu ;

le miracle, le miracle de la vie à jamais renouvelé ;

la vie, la vie comme une nouvelle naissance ;

le corps qui s'anime en une inspiration de vie ;

la vie manifestée en une deuxième inspiration, suivie d'une troisième...

Notre petit revient à la vie. Il est inanimé, mais il respire. La vie, à nouveau donnée. Nous rentrons Augustin, le déshabillons, le mettons dans une couverture.

Quelques instants après les gendarmes arrivent de Livernon. Encore un temps les pompiers viennent de Labastide-Murat. Encore un temps et la moitié d'un temps un médecin accourt. Après un examen rapide, je pars en ambulance avec Augustin en tenant le tuyau d'oxygène sous son nez. A la question « Figeac ou Cahors ? », je réponds : « Cahors ». Une heure plus tard nous entrons dans Cahors enténébré, la sirène trouant la nuit.

L'hôpital, les urgences, le personnel qui s'agite. Augustin est enveloppé dans une couverture de survie isotherme. Puis les tuyaux dans le nez de mon enfant permettent d'aspirer l'eau et les saletés. Et là, contre toute attente, le transfert dans mes bras des urgences en service de pédiatrie.

Pendant ce temps, mon épouse téléphonait à Bernay à Dominique et Rebecca pour leur demander de déclencher une chaîne de prière de façon qu'il ne reste aucune séquelle de cet accident. Dominique et Rebecca, couple de pentecôtiste, étaient engagés avec nous au F.G.B.M.F.I. et nous vivions une grande fraternité en Christ ; et nous vivions une grande fraternité entre chrétiens au delà des dénominations d'église. Aussi, à leur initiative, des catholiques, des prêtres, des pentecôtistes, des pasteurs prièrent pour notre petit Augustin dans l'unité du Saint Esprit.

Jean 14, 12-14 : « **[12]En vérité, en vérité, je vous le dis, celui qui croit en moi fera, lui aussi, les œuvres que je fais, et il en fera de plus grandes, car je m'en vais auprès du Père, [13]et tout ce que vous demanderez en mon nom, je le ferai, afin que le Père soit glorifié dans le Fils. [14]Si vous demandez quelque chose en mon nom, je le ferai.** ».

Matthieu 18, 19-20 : « **[19]Encore, en vérité, je vous le dis : Si deux d'entre vous sont d'accord pour demander sur terre une chose quelconque, ils l'obtiendront de mon Père qui est dans les cieux. [20]Car où deux ou trois sont assemblés en mon nom, je suis là au milieu d'eux.** »

Dominique et Rebecca, parents de cinq enfants avaient vécu une épreuve six mois auparavant. Le jour du baptême de leur fille par immersion, leur fils faisait une chute de vingt mètres dans les Alpes. Fracture du crâne, coma de type deux, ils avaient pu, par la prière et la foi, le récupérer progressivement contre l'avis du corps médical.

Dans la nuit, j'écoute. J'écoute chaque respiration de mon fils. Il fait autant de bruit qu'une bouilloire. Mais chaque respiration est un miracle. C'est le miracle de la vie, mais nous n'y faisons pas attention habituellement. Là, tout est différent.

Avec le matin, mon épouse me rejoint avec les enfants. Aurore, Alexandre, Arnaud retrouvent leur petit frère avec soulagement. Dans la matinée le médecin de service passe pour voir notre enfant et nous dit : « Heureusement, il n'a pas eu d'eau dans les poumons, sinon il serait en réanimation sous oxygène et intubé de partout... ». L'infirmière arrive quelques instants après avec les résultats des radios des poumons et nous dit : « Vous voyez, on voit qu'il a eu de l'eau dans les poumons ». Nous lui disons : « Mais, le médecin... ». Et nous entendons sa réponse alors qu'elle quitte la chambre en haussant les épaules : « Il y a des mystères...... ».

Nous apprenons que dans les premiers instants ou une personne tombe à l'eau, le blocage instinctif d'un muscle ferme la trachée. Puis, si le séjour se prolonge, le muscle se relâche et l'eau pénètre les poumons. Ceci provoque la destruction de la paroi du poumon qui sert à l'échange d'oxygène entre l'air inspiré et le sang. De là vient la nécessité d'oxygéner de tel cas ; de là vient aussi les risques de séquelles au niveau psychique ou moteur.

Notre enfant, en revenant du pays où l'on ne revient que rarement, se mit à chanter la gloire de Dieu. L'infirmière demande : « Que dit-il ? » Anne lui répond : « Gloire à Dieu, gloire à Dieu, au plus haut des cieux ». L'infirmière dit alors : « Je n'ai jamais entendu une si belle action de grâce. » L'infirmière ajoute : « Mais, ne faites-vous pas partie d'un groupe de prière charismatique? ».

Notre Augustin reçoit un traitement d'antibiotiques par perfusion pour éviter la septicémie. Au bout de cinq jours, la fièvre commence à baisser ; nous pouvons le ramener à Quissac. L'infirmière passe plusieurs fois par jour pour faire une piqure intramusculaire d'antibiotiques. Mais le jeudi la fièvre remonte. Le lendemain, si la fièvre perdure, nous devons le ramener à l'hôpital. Nous prions, et le Seigneur nous comble, au matin tout est rentré dans l'ordre.

Les propriétaires du gîte habitaient Cahors mais se trouvaient à Quissac le soir de l'accident. Ils étaient effondrés. Par grâce notre enfant fut sauvé. Le propriétaire du gîte fit le récit de l'accident à son assureur :

« Les locataires venaient d'arriver pour leur séjour de 3 semaines. Ils s'installaient dans le gîte avec leurs 4 enfants. Le plus jeune des enfants âgé de 2 ans échappait à la surveillance des parents. Il est tombé dans une petite mare située au fond du jardin. Il a failli se noyer. Sauvé par son père avec l'aide d'un voisin, il a dû être transporté à l'hôpital de Cahors ou il a séjourné pendant 4 jours. Tout va pour le mieux maintenant en espérant qu'il n'y aura aucune conséquence pour sa santé dans le futur. »

« Habituellement, je mets un grillage autour de cette mare pour éviter tout problème. Cette fois-ci, j'avais enlevé le grillage pour passer la tondeuse. Lorsque je suis parti le dimanche précédent, après avoir terminé les travaux, surpris par un orage, j'ai oublié de remettre le grillage. Les parents de l'enfant ignoraient l'existence de cette mare. Ce concours de circonstances a fait que l'irréparable aurait pu arriver. »

Récit des journalistes

Les récits des journalistes furent beaucoup moins exacts. C'est ainsi que La dépêche du Lot titrait en première page le lundi 4 juillet 1988 :

> « Quissac
> -----------
> LUDOVIC, 2 ans
> NOYE ET...
> RAMENE A LA VIE
> PAR UN GENDARME

Un drame horrible a débouché sur une belle histoire grâce à l'initiative et à la persévérance d'un homme. Il était environ 20h15, samedi, quand la famille Milliez, demeurant 13, rue du Prieuré à Menneval (Eure), en vacances à Quissac, près de Livernon, s'apprêtait à dîner. C'est alors que la disparition de l'un des quatre enfants de Mme et M. Milliez, employé E.D.F., était constatée. Le petit Ludovic, âgé d'à peine 2 ans, ne répondant pas aux appels, des recherches angoissées étaient aussitôt entreprises par la famille.
Le corps de l'enfant était découvert dans un trou d'eau situé derrière la maison. Ce fut alors un terrible moment d'horreur. Le corps du petit Ludovic était sans vie, son cœur ne battant plus.
Un voisin avait accouru, alerté par les cris. Il s'agissait de l'adjudant de gendarmerie Fischer, commandant la brigade d'Evry, dépendant de la compagnie de Corbeil (Essonne) et lui-même en vacances à Quissac. Arrivé sur les lieux du drame, l'adjudant Fischer entamait aussitôt une opération de bouche à bouche ponctuée de massages cardiaques. Cette opération de secours désespérée devait durer

quinze minutes, une éternité pour la famille Milliez. C'est au bout de ces quinze minutes de respiration artificielle que l'impensable se produisait : l'enfant revenait à la vie. Les pompiers également alertés arrivaient sur place et à leur tour prenaient la relève. Le petit Ludovic était ensuite évacué sur l'hôpital de Cahors. Hier après-midi, on apprenait qu'il était considéré comme hors de danger. »

Alain Le Blanc.

Tandis que Paris-Normandie titrait le mardi 5 juillet 1988 en page 7 dans l'encadré faits divers:

« UN BAMBIN DE MENNEVAL
SAUVE DE la NOYADE
PAR UN GENDARME

QUISSAC (Lot) - Le petit Augustin Milliez, âgé de 2 ans, était inanimé lorsque ses parents, des vacanciers de Menneval séjournant à Quissac l'ont découvert dans un trou d'eau situé derrière la maison.
Alerté par les cris affolés de la famille, un autre vacancier, un gendarme de Corbeil-Essonnes dans la région parisienne, l'adjudant Fischer, est accouru aussitôt pour secourir l'enfant qui asphyxiait. Son intervention a été déterminante et décisive.
Après quinze minutes de bouche à bouche et de massages cardiaques, le petit Augustin est revenu à lui. Transporté par ambulance au centre hospitalier général de Cahors, il était considéré hier matin comme hors de danger. »

Je fus quelque peu révolté par ces articles qui attribuaient entièrement à un autre le mérite d'avoir sauvé Augustin. Mais à la réflexion je me dis que je n'y étais pour rien. Je l'ai soigné, Dieu l'a guéri.
DIEU SEUL EST GRAND.

C'est au milieu de ce mois de juillet, le jour de la sortie d'Augustin de l'hôpital, que nous apprenions ma mutation professionnelle à Tulle.

Lourdes 1988

Cette épreuve, vécue par la famille, perturba nos nuits. Pour ma part, une pensée envahissait mes nuits. Une pensée me hantait et me déchirait :
« Quand je pense que j'aurais pu ne pas le voir ».

Mon épouse portait la vie. Elle était enceinte de 2 à 3 mois de notre cinquième enfant. Notre prière se voulait confiante dans le Seigneur : « Tu as posé ta main sur Augustin, tu poses ta main maintenant sur l'enfant que nous attendons ».

Trois semaines jour pour jour après cette épreuve nous retrouvions la communauté du Lion de Juda et de l'Agneau Immolé à Lourdes pour louer Dieu, pour rendre grâce. Oui, le Christ est ressuscité, il a vaincu la mort, il nous a donné sa vie.

Le jeudi soir, soirée guérison ou soirée de la miséricorde de Dieu. Je m'y rends avec Aurore et Alexandre. De nombreuses paroles de connaissance annoncent des guérisons de l'être, que ce soit du corps, de l'âme ou de l'esprit.

Pour notre part, nous sentons la présence de Jésus ; de ce Jésus, fils du Père, qui s'est incarné sous l'action de l'Esprit Saint voilà 2000 ans ; de ce Jésus qui est le même hier, aujourd'hui et éternellement ; de ce Jésus qui guérit aujourd'hui par ce qu'IL EST.

« Et se tournant vers les disciples, il (Jésus) leur dit en particulier : « Heureux les yeux qui voient ce que vous voyez! » (Luc 10,23).

A quelques mètres de nous, nous voyons une femme souffrant de polyarthrite quitter son fauteuil roulant et se diriger vers l'autel, alléluia! Quelques minutes plus tard, un homme, Joseph Charpentier, paralysé depuis 19 ans pour un problème de colonne vertébrale se lève à son tour, alléluia! Puis, un enfant de 3 à 4 ans qui ne parlait pas, ne marchait pas, se lève à son tour ; son premier mot : « Jésus ». Alléluia, alléluia.... Présence de Dieu, présence vivifiante de Dieu, tout devient normal.

A Lourdes, nous demandons la prière pour notre petit Augustin, pour la guérison du souvenir, pour qu'il puisse dormir en paix. Nous demandons la guérison pour toute la famille. Anne porte Augustin dans ses bras. La file d'attente est longue pour demander la prière. Il fait chaud et Augustin s'endort dans les bras de sa maman. Lorsque son tour arrive enfin, Anne explique au moine en quelques mots sa demande. Le moine regrette qu'Augustin dorme mais dit : « Tant pis, nous allons prier même s'il n'est pas réveillé ». Quand il chasse les mauvais souvenirs, alors qu'Augustin est endormi paisiblement, Augustin est parcouru d'un tremblement de la tête au pied tout en dormant.

A partir de ce jour, j'ai pu commencer à dormir sans être réveillé par des pensées angoissantes.

Suite à ma nomination à Tulle, nous devions quitter Bernay et donc la proximité du Bec-Hellouin. A Lourdes, le Seigneur nous rassura en nous faisant connaître une toute nouvelle communauté : « Le Verbe de vie » dont la première maison était Saint Etienne d'Aubazine, un monastère d'origine cistercienne situé entre Tulle et Brive.

3.3 Conversion

Grégoire

L'annonce faite par le Seigneur à Anne pour l'attente de notre petit cinquième est intimement liée avec Madeleine.

En effet Jésus s'était servi d'Anne pour toucher une mère de famille. Cette personne, qui éprouvait une joie sensible en lisant la Bible, souhaitait que son mari puisse partager son bonheur. C'est ainsi qu'elle confia au Seigneur son souhait d'avoir un enfant, en se disant : « médicalement je ne peux plus avoir d'enfant ayant une ligature des trompes, si j'attends quand même un enfant, mon mari se convertira ». Elle nous confia donc sa démarche. Anne fut déconcertée par cette démarche qui ne sonnait pas juste dans son cœur. Anne se disait en elle-même que le mari de Madeleine fustigerait les médecins en considérant leur échec. Elle admira cette foi simple et après quelques instants de réflexion lui dit : « Il ne me semble pas que ce soit de cette manière qu'il faille demander au Seigneur, cependant puisque tu es décidée, je prierai pour toi et avec toi pendant le délai de deux mois que tu as fixé au Seigneur ».

Il nous faut ici préciser que Jésus disait aux pharisiens : « J'aurai beau faire des miracles devant vous ce n'est pas pour autant que vous croirez ». Dieu, dans sa folie d'amour nous laisse libres. Si le cœur n'est pas prêt, le signe n'apporte rien et peut toujours être remis en cause. La vie est un insondable trésor, et la vie est la finalité. La vie n'est pas un moyen pour une autre finalité s'agirait-il même d'une conversion.

Un jour, priant pour cette intention, Anne reçut : « Cet enfant, c'est toi qui l'auras ».

Grégoire fut donc attendu dans la sérénité, comme un cadeau du Seigneur.
Puis quelque temps avant l'accouchement, ma femme fut avertie en songe que notre cinquième enfant serait hospitalisé avant ses deux mois. Elle avait vu notre bébé sous oxygène. Je la rassurai en lui disant qu'elle devait être encore sous le choc de l'accident d'Augustin.
La naissance de Grégoire, eut lieu le 19 janvier 1989, jour de l'anniversaire de Madeleine !
Anne avait annoncé avec des difficultés à Madeleine, après les deux mois de prière, la parole reçue du Seigneur et qu'elle attendait un bébé. Lorsque Madeleine apprit la naissance le jour de son anniversaire, elle comprit.

Le Seigneur avait sauvé notre petit Augustin et posé sa main sur notre famille. Jésus avait préservé également la vie qu'Anne portait en elle.

Le dimanche, veille de l'hospitalisation de Grégoire, notre fille nous étonna par la conversation qu'elle avait eue avec Augustin. Pour notre part, nous n'avions jamais voulu parler avec Augustin de son accident.
Aurore nous dit : « Augustin m'a raconté que quand il était tombé dans l'eau, il avait vu une lumière. Il y avait une lumière allumée » Je lui ai alors demandé : « Qu'est ce que c'était cette lumière ? Qu'est-ce qu'elle t'a dit ? » Et Augustin m'a répondu : « La lumière m'a dit : Dieu aime, Dieu t'aime ».

Notre nouveau-né attrapa une bronchite peu après sa sortie de la maternité.

La bronchite nécessita des séances de kinésithérapie respiratoire en plus des antibiotiques. Grégoire s'épuisait. Une nuit il eut même de la difficulté à téter. Le lendemain, il fut revu par le pédiatre. Malgré ces soins le pédiatre, compte tenu de ses difficultés respiratoires, décida l'hospitalisation. A l'hôpital de Tulle, le chef de service diagnostiqua une broncho-alvéolite et décida, compte tenu de son taux d'oxygène si bas dans le sang, de le mettre sous une cloche à oxygène. Par la prière et les soins médicaux prodigués, notre petit Grégoire regagna, au bout d'une bonne semaine, le milieu familial.

Anne comprit que c'était la deuxième épreuve symbolisée par le petit serpent et que le songe du bébé sous oxygène était en train de se réaliser.

Ce fut encore une période difficile après avoir veillé un enfant de deux ans peu de mois auparavant, de devoir veiller sur un bébé de trois semaines. Anne comprit ceux qui tout à coup craquent, car elle se sentait au bout de ses limites physiques.

La proximité d'Aubazine nous permettait de nous rendre aux offices de la communauté du Verbe de Vie. Aussi je désirai baptiser notre enfant dans ce monastère du XIIIe siècle construit à la suite de Saint Étienne par des moines cisterciens.

Très fatigués par toutes ces épreuves, nous pensions célébrer le baptême sur place en Corrèze car il fallait environ 9h00 pour faire le voyage vers le plat pays où se trouvait notre famille.

C'est dans ces dispositions de cœur qu'Anne reçut dans la prière de célébrer le baptême dans le Nord, pressentant que quelqu'un serait touché par le Seigneur.

C'est ainsi que nous retournâmes début mai dans le Nord.
Invité avec Anne chez mon beau-frère et son épouse, je suis poussé à témoigner de l'accident d'Augustin et des merveilles de Dieu. Je témoigne naturellement et ne me doute pas que le Seigneur est en train d'agir. Le Seigneur ne nous demande pas d'agir, il nous demande de prier et de témoigner. Le reste, cela regarde Dieu, c'est Dieu qui agit dans les cœurs.

Après ces temps passés en famille, la Corrèze, la verte Corrèze nous accueillait à nouveau.

Histoire d'une conversion
Depuis le début de l'année 1986, chaque retour dans le Nord était pour nous l'occasion de partager, dans la mesure du possible, ce que nous vivions. Mon beau-frère, Olivier, visiblement en recherche, se tournait de plus en plus vers la méditation transcendantale.

Le samedi 13 mai 1989, un courrier de mon beau-frère m'indiquait son évolution depuis notre propre conversion:

« Depuis que je te connais, j'ai pu observer avec trois regards différends la foi qui t'anime. Tout d'abord un regard, je l'avoue, de scepticisme, voire de moquerie, puis depuis quelques mois (15 ou 20) une grande admiration de cette foi, de cette passion qui t'anime, sans pour autant être concerné. Et la semaine dernière un troisième et nouveau regard s'est éveillé, et si je t'écris, c'est parce qu'il m'a bouleversé, et je voudrais avoir ton avis là-dessus. Quand tu m'as parlé de Dieu, du miracle de ton fils et de toutes ces choses, j'ai été très profondément touché, à tel point que lors du repas de famille mes yeux brillaient et j'ai réprimé une très forte envie de pleurer.... Je n'ai pas bien compris cette réaction en moi et j'ai eu tendance à mettre cela sur le compte de la fatigue ou de l'émotion.

Le lendemain, quand tu es venu chez moi, j'ai été à nouveau très touché par tout ce que tu as dit sur Dieu et peu après ton départ, je me suis retiré seul et j'ai pleuré en repensant à tout ce que tu m'avais dit.
...

Avec un peu de recul, j'ai réfléchi et je me suis dit que si j'étais tant ému c'est tellement tout ce que tu disais me frappait et j'étais comme brisé en deux blocs :

Le premier qui me disait de ne rien dévoiler de tout cela pour ne pas paraître idiot ou faible, le deuxième qui me disait que tu pouvais peut-être, là tout de suite, me guider vers Dieu par un geste, un simple geste....

Peut-être pourras-tu m'expliquer cette réaction et m'aider à faire qu'elle débouche sur une approche de Dieu ».

Olivier avait pris de la distance avec Dieu vers 17-18 ans après deux épreuves : le décès d'un bon ami dans un saut en parachute et le décès brutal de son père. Mais il était en quête de l'essentiel même si sa recherche le menait vers la méditation transcendantale.

Que pouvais-je faire ? Comment faire à une telle distance ?

Je ne savais que faire par moi-même, mais je savais que Dieu peut tout. La prière demeure la meilleure solution, surtout quand on est dans l'impasse. Nous avons dit au Seigneur : « Béni sois-tu pour ce que tu as fait dans ce cœur, nous te remercions, nous te louons, nous te bénissons. Nous te confions ton enfant et te laissons le soin de parachever ton œuvre. Merci pour ce que tu continueras à faire pour lui ».

Le lendemain dimanche soir, comme prévu, j'accompagne Anne au rassemblement de Pentecôte 1989 à la patinoire de Brive, rassemblement organisé par le groupe de prière Siloé. René Jacob, prêtre dans le diocèse de Lille, y assistait en tant qu'orateur. A la fin de la soirée, j'allais le voir pour lui expliquer le chemin de conversion de mon beau-frère. Sa réponse ne tarda pas : « Pas de problème, j'irai le voir ». Alléluia, le Seigneur s'occupait de tout...

Pour l'été, mon beau-frère, sa femme et leur fils passèrent une quinzaine de jours sur une plage près de Montpellier et en revenant s'arrêtèrent trois jours à Tulle.

Les conversations se centrèrent sur l'essentiel, c'est à dire Dieu. La communauté du Verbe de Vie organisait en ce week-end du 15 août son rassemblement : jeunes pour le Christ. J'y emmenai donc mon beau-frère à l'office des vêpres. Il fut très touché, notamment par les chants en langues, au point de dire : « Mais, il faudrait enregistrer ces chants sur cassettes ainsi tous se convertiraient... ». Le lendemain, nous gardions leur enfant afin qu'ils puissent assister aux vêpres en couple. C'est à cet office qu'une parole de connaissance leur fût adressée par le Seigneur.

Le dernier soir, mon beau-frère est resté avec nous pour prier tandis que son épouse, enceinte et donc plus vite fatiguée, alla se reposer.

Nous avons prié ensemble. Mon beau-frère se posait intérieurement une question : « Peut-on demander un signe au Seigneur et comment peut-il répondre ? »

Dans la prière, Anne reçut du Seigneur d'ouvrir la Bible. Anne discuta avec Dieu : elle se disait intérieurement nous n'allons sans doute pas comprendre le passage de la Bible qui nous sera donné. Mais la parole, reçue intérieurement d'ouvrir la Bible, se fit insistante et Anne obéit dans la foi. Elle ouvre alors la Bible et « tombe » sur :

Isaïe 7, 10-14 : « **[10]YaHWeH parla encore à Akhaz, en disant : « [11]Demande un signe à YaHWeH, pour toi, demande-le dans les profondeurs du schéol ou dans les hauteurs du ciel. » [12]Mais Akhaz dit : « Je ne le demanderai pas, je ne tenterai pas YaHWeH ». [13]Et Isaïe dit : « Écoutez, maison de David : Est-ce trop peu pour vous de fatiguer les hommes, que vous fatiguiez aussi mon Dieu ? [14]C'est pourquoi le Seigneur lui-même vous donnera un signe : « Voici que la vierge a conçu, et elle enfante un fils et elle lui donne le nom d'Emmanuel ».**

Quelle réponse ! Trois semaines plus tard, ils apprenaient qu'ils attendaient un fils. Trois mois plus tard, le 2 novembre, Emmanuel venait au monde.

Mais en cette soirée le Seigneur montrait que l'on pouvait s'adresser à lui directement. Nous avons prié pour que mon beau-frère puisse faire une rencontre personnelle avec le Christ, pour que Jésus vienne le visiter. Le Seigneur a répondu à notre prière. Ce fut pour mon beau-frère l'effusion du Saint Esprit de Dieu : la repentance, la rencontre avec Jésus vivant aujourd'hui, l'expérience de l'amour de ce Jésus pour chacun d'entre nous.

Nous avons chacun regagné notre chambre, et mon beau-frère en restant seul avec Dieu, vécut un « paradis », une joie et une paix ineffable, la plus belle expérience de toute une vie.

Mon beau-frère en écoutant une cassette du Lion de Juda : « La croix, puissance de guérison » sur la soirée de guérison du rassemblement d'Ars 1985 devait vivre une deuxième effusion du Saint Esprit.

Naturellement après ce vécu toutes leurs valeurs furent changées et ils retrouvèrent une vie sacramentelle, une vie de prière, une vie guidée par la lecture de la Parole de Dieu.

Notre guérison

C'est après sa conversion que mon beau-frère put me dire : « Maintenant nous sommes deux fois frères ».

Cette conversion fut pour nous un grand bonheur à plus d'un titre.

Il s'agissait d'un membre de notre famille, qui plus est, filleul d'Anne (rappelons-nous l'importance de la marraine et du parrain pour aider les parents dans l'éveil à la foi de leurs enfants).

Olivier était directeur d'une importante entreprise médiatique, laïque certes, mais nous pensons que le Seigneur a un plan (Il n'est que temps de supplier la venue du Saint Esprit pour évangéliser avec les nouvelles techniques de communication pour qu'un plus grand nombre soit sauvé).

Cette conversion représentait, pour nous, une partie de notre guérison intérieure, après l'accident d'Augustin. D'une part nous avions vu la puissance de notre Dieu pour guérir, voire ressusciter notre enfant, d'autre part nous avions vu la puissance de notre Dieu faire un miracle encore plus grand, selon Marc 2,9-12 : la nouvelle naissance d'un enfant de Dieu.

En juillet 1988, nous allions à Lourdes juste après l'accident d'Augustin avec la communauté du Lion de Juda. Deux ans après nous y retournions avec cette même communauté mais accompagnés cette fois-ci par mon beau-frère et sa famille ainsi que de la maman d'Anne, mon épouse, Alléluia.

Achevé à Tulle (Corrèze, Limousin), Octobre 1990

4 Interventions de Dieu

4.1 Domaine spirituel

Médias chrétiens

Passionné de radio, Olivier débute ses premières émissions sur bande magnétique à 17 ans pour les radios libres en Italie et en Belgique.

Puis il lance une radio dans un grenier de la banlieue de Lille au moment des premières radios libres en France. De succès en succès d'audience, la petite radio franchit l'échelon local, puis national.

Et c'est alors qu'Olivier rencontre personnellement Dieu, la lumière qui ne connaît pas de couchant.

Après Lourdes en 1990, nous nous sommes retrouvés en février 1991 une semaine pour les vacances d'hiver avec Olivier et sa famille. La communauté fondée par Sainte Thérèse Couderc nous accueillait à La Louvesc en Ardèche.

Pendant cette semaine commune, nous avons proposé une soirée de prière.

Dans la prière Anne a reçu une vision destinée à Olivier :

« Il y a une montagne qui s'effrite et tombe en petits blocs. A la place un petit roc, solide comme le roc, émerge de tous ces éboulis de rochers. Un roc fondé sur le Seigneur. »

Mon beau-frère Olivier était frappé du nombre de suicides des jeunes. Pour lui c'était aussi affreux qu'un enfant qui meurt de faim. C'est une mort par absence de nourriture de l'esprit. Ceci le motivait pour démarrer une radio chrétienne.

En novembre 1991 Olivier participe au lancement de ROC FM La Bonne Nouvelle (Radio Œcuménique Chrétienne) à Lille, une radio fondée sur le ROC. Une radio chrétienne musicale destinée aux jeunes non croyants.

Pendant l'été 94 le succès de l'entreprise se confirme par un sondage réalisé à partir d'un échantillon représentatif de la population de la métropole Lille-Roubaix-Tourcoing.
La presse régionale et nationale se fait l'écho de ce succès.
C'est ainsi que Monseigneur Lustiger appelle Olivier au poste de directeur de Radio à l'été 1995. Olivier devient à 34 ans le nouveau responsable de la radio diocésaine de Paris et le restera pendant six ans.
Puis, fin 1999, il démarre la télévision catholique et en devient le premier directeur pendant deux ans.
Ensuite Olivier devient diacre permanent dans son diocèse.

<u>Manifestation d'amour du Seigneur en Normandie</u>
En Normandie, région de notre rencontre avec le Seigneur, Dieu manifeste son amour. Un jour, Anne fait ses courses dans une grande surface. Elle décide de participer à un concours pour le compte de Marie. Ce concours permet de gagner cinq cent francs. Anne dit au Seigneur montres-moi pour qui je dois faire le concours, et une personne, Marie, lui vient à cœur. Anne se permet de dire au Seigneur c'est le chariot plein de vivre pour une

semaine ou une bouteille de champagne. Ce n'est pas une bouteille de champagne que je veux mais l'argent qui pourra aider davantage. Anne, humainement, l'aurait fait pour Christiane qu'elle pense en plus grande difficulté financière. Anne gagne les cinq cent francs un matin. L'après-midi, elle se rend compte que son congélateur est ouvert et qu'elle perd ainsi pour environ cinq cent francs de produits alimentaires. Une voix se fait alors entendre : « personne n'est au courant même pas ton mari, tu peux utiliser ces cinq cent francs pour remplir ton congélateur. » Anne comprit d'où venait la voix et dit au tentateur : « Il n'en est pas question, tu me laisses tranquille, j'appartiens à Jésus ».

Anne remet l'argent à Marie qui, interloquée, lui demande pourquoi. Anne lui raconte qu'elle a fait le concours pour elle. Marie veut partager, Anne refuse, bien sûr, car cet argent ne lui appartient pas. Anne apprend que Marie est alors vraiment dans le besoin et qu'elle s'abstient souvent du repas du soir avec son mari pour nourrir ses quatre enfants.

Marie lui dit quelques jours plus tard que le banquier l'a appelé juste après leur rencontre pour un découvert de cinq cent Francs qu'elle n'aurait pas pu payer… Elle ajoute : tu vas peut-être me trouver bizarre mais je me demande si c'est le hasard ou si c'est Dieu qui a répondu à ma prière.

Chrétiens témoins dans le monde

A notre arrivée à Tulle, nous rejoignons le groupe « Chrétiens témoins dans le monde » de Brive la Gaillarde (nouveau nom de la communauté internationale des hommes d'affaires du plein évangile). Comme à Bernay en Normandie, nous sommes les premiers catholiques à nous engager dans ce groupe.

Lors d'une première réunion de prière un des engagés cite le verset de la Bible : « **Or nous savons que Dieu fait tout concourir au bien de ceux qui l'aiment, de ceux qui, selon son dessein, sont les appelés.** » Romains 8, 28.

Anne vécut ce verset comme une guérison de l'accident d'Augustin. Elle avait déjà reçu ce verset lorsqu'elle le veillait à l'hôpital le lendemain de la noyade.

Lors d'une de nos réunions une personne, d'une cinquantaine d'années, que nous appellerons Jeanne demanda la prière à la fin du témoignage de notre orateur. Elle reçut une paix et une joie du Saint-Esprit.

Une femme de notre groupe reçut une parole de connaissance du Saint-Esprit. Elle s'avança et dit à Jeanne : « Le Seigneur veut te guérir ».

Jeanne répondit : « Je ne suis pas malade ». En effet, elle n'avait pas d'angine, ni de grippe. Par contre elle avait eu une polio à l'âge de deux ans et depuis, portait des chaussures faites par un orthopédiste avec côté une semelle compensée de plus de quatre centimètres. Elle avait alors 54 ans.

La personne du groupe lui dit alors : « Enlève tes chaussures, nous allons prier pour toi ». Deux catholiques et deux évangélistes ont prié pour elles quelques minutes (deux ou trois ?). Jeanne a senti un étirement et sa jambe s'est rallongée d'environ quatre centimètres.

La personne ayant reçue la parole de connaissance pour elle lui expliqua l'importance de croire et de ne pas reprendre son ancienne semelle.

La réaction de Jeanne a été « Comment vais-je faire pour retourner chez moi au volant de ma voiture ? Comment vais-je faire pour acheter une paire de chaussures au magasin ? ».

Jeanne n'avait jamais acheté une paire de chaussures. Elle les faisait faire sur mesure par un orthopédiste. Anne la rassura et lui conseilla d'aller dan une grande surface où elle n'aurait rien à demander à personne. Elle pourrait choisir et essayer tranquillement.

Notre fille Aurore, qui venait pour la première fois, a ramassé des serviettes en papier sur les tables pour caler le pied de Jeanne dans ses chaussures.

Jeanne est repartie avec sa semelle compensée de quatre centimètres dans son sac à main.

Les mois suivants nous avons vu Jeanne qui nous a témoigné que le Seigneur faisait des micro-fractures dans la cheville pour lui rendre l'articulation. Celle-ci avait été bloquée médicalement (arthrodèse). Le Seigneur lui reconstituait le genou également en créant de l'os !

Groupe de prière à Tulle

Nous avons démarré un petit groupe de prière à Tulle en Corrèze à trois avec mon épouse et une demoiselle, groupe qui s'est par la suite étoffé.

Une certaine défiance du clergé s'est manifestée au début, compréhensible car un fascicule fourni au clergé lui indiquait de se méfier des groupes de prières charismatiques.

Par la grâce de Dieu, la position du clergé évolua. En effet, un jour la femme du Préfet demanda au prêtre s'il existait un groupe de prière. Suite à la réponse négative de celui-ci, elle s'adressa à une religieuse à la sortie de l'église. Celle-ci nous désigna car nous discutions à la sortie de la messe avec plusieurs membres du groupe.

La venue de cette personne eut sans doute quelques incidences sur la façon de voir des prêtres. Par la suite les prêtres vinrent à nos repas trimestriels en célébrant la messe pour le groupe. Ils nous autorisèrent une adoration du Saint Sacrement mensuelle et nous demandèrent d'animer des soirées de prière du Carême.

Curieusement, notre groupe a connu la participation d'un interne « carabin » de Limoges en stage pour six mois à l'hôpital de Tulle. Un autre lui a succédé et est venu de même au groupe de prière. Et ainsi de suite pendant plusieurs années.

Le groupe de prière l'arbre de vie se développa donc avec l'appui de la communauté du Verbe de Vie qui vint faire une formation à l'effusion du Saint Esprit durant sept semaines clôturant cette formation par un temps de prière pour notre groupe dans leur maison d'Aubazine.

Medjugordje 1994

Après une grave maladie nous eûmes le privilège d'aller à Medjugordje en Bosnie-Herzégovine, lieu d'apparitions mariales depuis

1981. Le pays était en guerre et le front était à trente kilomètres, mais la Gospa (en Croate : la Dame, la Maîtresse - titre donné à Marie, mère de Jésus) avait dit aux jeunes voyants, qu'aucun pèlerin ne serait inquiété.

Les événements se conjuguèrent pour nous donner la possibilité de ce voyage.

Nos cartes d'identité étaient refaites à l'occasion du brevet d'Aurore.

Une amie, Marie Bernadette nous avait parlé le 1er septembre de son voyage à Medjugordje.

Le rendez-vous médical à Limoges était le mardi 27 septembre, alors que nous pensions que c'était le 20, ce décalage permettait notre projet.

Les vacances de mon chef de service furent finalement décalées de début septembre au 22 septembre.

La mère de mon épouse était libre aux bonnes dates.

Le pèlerinage, habituellement fin août, s'est organisé début août pour le festival des jeunes. L'organisateur a ainsi pu ajouter un pèlerinage en septembre. Il aurait souhaité annuler ce pèlerinage à cause du petit nombre d'inscriptions, mais cela n'était plus possible la réservation du bateau étant faite.

Le voyage s'effectua depuis la France, en car et en bateau, en traversant l'Italie, la Slovénie, la Croatie, pour atteindre Medjugordje près de Mostar, situé alors à trente kilomètres du front.

Durant le voyage, les traces de la guerre étaient visibles : impacts de tir, maisons endommagées. Nous sommes passés sur un pont provisoire flottant et avons eu quelques difficultés pour passer certaines frontières.

Sur place nous avons vu le franciscain Slavko Barbaric, curé de l'église. Les franciscains s'occupent de beaucoup de paroisses. Historiquement, au milieu et avec les Croates, ils ont représenté un rempart spirituel par rapport aux avancées de l'empire turc.

Nous avons rencontré Vicka, une des cinq jeunes à avoir bénéficié des apparitions mariales.

Nous sommes montés à la colline des apparitions et à la colline du chemin de croix.

Enfin, avant notre départ notre groupe d'une quinzaine de personnes a pu entendre le Père Jozo Zovko à Tihalina (ou Siroki Briejeg).

Le père était curé de Medjugordje au moment des premières apparitions en 1981. Il a cru au début que les communistes avaient monté l'affaire pour discréditer l'église. Il a prié et la Sainte Vierge lui est apparue. Dès cet instant il a été un rempart pour les enfants.

Il fut arrêté, emprisonné à Mostar. Et un jour, toutes les portes de la prison se sont miraculeusement ouvertes...

Après son enseignement, nous avons été dans l'église pour prier. Sa prière a entraîné l'action du Saint-Esprit. Les 2/3 du groupe reçurent une paix et une joie au point de devoir s'allonger ou s'asseoir. Le pauvre franciscain s'évertuait à relever les personnes. Dans une église cela fait désordre !

Le dimanche 19 septembre nous avons eu droit aux Laudes dans la communauté des Béatitudes. Une parole de connaissance a touché le prêtre qui nous accompagnait. Submergé par l'émotion, il nous a témoigné de sa vie juste avant de célébrer l'eucharistie.

Rencontre avec le Père Labutte

Lors d'un pèlerinage à Lisieux dans les années 90, nous avons eu le privilège de rencontrer le Père Labutte qui a été le Père spirituel de Mère Yvonne-Aimée de Jésus. Il nous a donné deux témoignages de son vécu.

Le 16 septembre 1941, le Père lit son bréviaire dans le parc de la Brardière en Normandie lorsqu'il entend Yvonne-Aimée pousser des cris de douleur.

Yvonne voit une hostie en train d'être profanée en région parisienne, percée avec un poinçon. Elle crie à son ange : « Cette hostie, je la veux…va chercher Jésus ».

A l'instant même le Père voit médusé une hostie portée par un rayon lumineux, traverser la cime des arbres et se poser à portée de main debout sur une branche d'un petit sapin. Yvonne prend alors l'hostie et la pose sur une feuille que tenait le Père. L'hostie demeure debout sur la feuille et le Père la dépose dans une cabane pour l'adorer. Sur la porte le Père et Yvonne-Aimée voient s'inscrire : « Ici le ciel a visité la terre ».

Le Père reçoit le 16 février 1943 une dépêche l'informant qu'Yvonne-Aimée a été arrêtée par la Gestapo. Aussi le lendemain, il se rend à Paris avec sa mère qui souhaitait voir une nièce à l'église de Pantin.

Dans le métro, Yvonne Aimée lui apparaît (par bilocation) et lui dit « Prie ! Prie ! Si tu ne pries pas assez….on m'embarquera ce soir pour l'Allemagne…Ne le dis à personne ! ».

Le Père, après avoir prié à la chapelle de la médaille miraculeuse, rue du Bac, se rend chez les Augustines. Il demande à aller prier dans le bureau d'Yvonne-Aimée.

Soudain, il entend dans le bureau un bruit sourd, semblable à celui d'un cavalier sautant de cheval. Il se retourne et se retrouve en présence d'Yvonne-Aimée alors que le bureau est toujours fermé et que le couvent est bouclé par crainte de la Gestapo.

La mère Yvonne-Aimée avait été transportée corps, âme et esprit de la prison au couvent.

Cela n'était pas sans rappeler le vécu de David du Plessis, le Monsieur Pentecôte américain qui avait été déplacé de la même façon.

Rien d'étonnant à cela, il suffit de lire dans la Bible le vécu de Philippe après le baptême de l'eunuque éthiopien (Actes 8, 39-40).

4.2 Domaine matériel

Santé du beau-frère de Monique

Quelque temps après l'accident d'Augustin pour lequel nous avions témoigné, Monique appelle de Normandie mon épouse Anne en Corrèze :

« Je t'appelle car je viens d'apprendre le décès de mon beau-frère à l'hôpital de Caen d'un arrêt cardiaque. Mon mari est parti à Caen (distant d'une heure) car l'hôpital vient de nous appeler. Je sais ce que le Seigneur a fait pour Augustin, c'est pourquoi c'est toi que j'appelle, Anne. »

Anne répondit à Monique : « En fait, à travers ton appel, ce n'est pas moi que tu appelles mais le Seigneur. Si tu veux prions le Seigneur ensembles. »

Nous avons appris quelques heures après que lorsque son mari est arrivé à l'hôpital de Caen les médecins lui ont dit : « Excusez-nous, le cœur est reparti, votre frère est vivant ! ».

Il va de soit que nous n'y sommes pour rien car il est écrit en Jean 15, 5b : **« Je suis la vigne, vous êtes les sarments. Celui qui demeure en moi et en qui je demeure, porte beaucoup de fruit, car, sans moi, vous ne pouvez rien faire. »**

Santé d'Arnaud à Tulle

Notre fils Arnaud attrapa un zona lorsque nous étions à Tulle.

A l'école, des personnes bien intentionnées dirent à mon épouse : « je connais quelqu'un … »

Nous connaissions aussi quelqu'un (Jésus) qui agit gratuitement, et qui ne vous donne pas autre chose de pire.

Nous avons donc prié Jésus et en deux jours la douleur du zona avait disparu.

Santé de Pierre à Tulle fin 1989

En ces temps-là, Anne recevait en rêve le texte de Job.

Moi-même je recevais Job comme un serviteur souffrant en ouvrant la Bible...

En octobre 1989 je consulte l'ophtalmologue à Tulle suite à une baisse de vision. Celui-ci détecte que mon fond d'œil est anormal.

Je réalise une angiographie à l'Hôpital de Tulle et prends rendez-vous à Limoges.

Le Seigneur nous encourage avec 2 Machabées Chap 11 et le psaume 100.

Mi-novembre 1989, un professeur du CHUR de Limoges émet deux hypothèses, soit une calcification, soit une tumeur.

Fin novembre, un examen d'échographie à Limoges semble confirmer la calcification. On me dresse un sombre tableau de l'autre diagnostic qui à ce moment là ne me concerne pas.

En mars 1990, au CHUR de Limoges, le diagnostic de la calcification se confirme.

En septembre 1990, au CHUR de Limoges, le diagnostic est confirmé. Nous sommes soulagés car nous pensons que le danger est écarté. Un médecin nous dit qu'on ne nous laisserait pas attendre près de 18 mois s'il y avait un doute.

Le mardi 12 janvier 1993, j'ai à nouveau rendez-vous avec le Professeur au CHUR de Limoges pour un contrôle. Je dépose Anne et

Grégoire au centre commercial car Grégoire, qui a une otite, a vomi sur lui dans la voiture. Au CHUR je fais les examens d'échographie et d'angiographie. Il y a une évolution... Le professeur me prend un rendez-vous avec un professeur à l'hôpital Curie à Paris.

Suite à une angiographie à l'hôpital de Tulle, un docteur m'apprend le nom de la maladie « mélanome sarcome » (il a fait sa thèse sur ce sujet).

Une visite à un autre professeur de Limoges spécialiste nous laisse dans l'expectative. Il s'agirait d'une dégénérescence[2] de la rétine due au manque d'une enzyme. Elle connaît un autre cas dans sa patientèle.

Le lundi 25 janvier 1993, le professeur de l'institut Curie confirme qu'il s'agit bien d'un « mélanome sarcome ». Un médecin indique que j'ai x% de chance de m'en sortir.
C'est dur à entendre et en même temps c'est un soulagement par rapport aux diagnostics incertains qui ont fait traîner les choses depuis fin 1989.
Enfin grâce à cette attente, je vais bénéficier d'un nouveau traitement qui n'existe en France que depuis environ 18 mois.

Début février, je suis hospitalisé trois jours pour une intervention préparatoire au traitement en

---

[2] « Lésion gauche atrophie en périphérie et de ce fait plus pigmenté au centre. S'agit-il d'une dystrophie unilatérale ou plutôt d'une néoformation bénigne du tissu de soutien de type ostéome »

recevant dans la parole de Dieu : « Un jour, en son temple, le Seigneur rendra visite à son peuple et renouvellera son alliance avec lui ».

Une amie chrétienne reçoit pour moi : « **Ma grâce te suffit, car c'est dans la faiblesse que ma puissance se montre tout entière.** » 2 Corinthiens 12, 9a.
Dieu éduque son peuple à travers les épreuves. Le Seigneur par sa parole nous invite au courage et à la confiance dans l'épreuve.

Les enfants sont confiés, Alexandre et Augustin chez nos amis Claudine et Yvan, Aurore, Arnaud et Grégoire chez nos amis Isabelle et Frédéric.

Pour le traitement du 22 au 26 février 1993, mon épouse m'accompagne et nous sommes logés pendant une semaine chez les Orantes de l'Assomption. Nous pouvons ainsi faire une retraite en même temps que je reçois les soins !
Le premier jour à Orsay, c'est une répétition générale. Les quatre jours suivant c'est le traitement par proton-thérapie. Ce traitement est si puissant que l'on ne peut le faire qu'une fois dans sa vie.
Pour un passionné de physique cela ne manque pas de sel à plus d'un titre !

Le premier matin du traitement, quand les personnes nous voient sortir du monastère, elles nous disent : « Bonne promenade Monsieur Dame ». Si elles savaient que l'ambulance nous attend à la porte et que je vais recevoir mes soins de proton-thérapie !

En résumé trente minutes de traitement, une heure de route et le reste en retraite.

Je pus reprendre mon travail quinze jours avant la fin de mon arrêt de travail.

Et les contrôles succèdent aux contrôles, tous les six mois à Curie. La journée du contrôle se fait en trois phases : le temps de transport pour monter de Tulle à Paris avec la pesanteur de l'appréhension ; les attentes, examens, rendez-vous avec le professeur à Curie, le temps du retour avec la légèreté du soulagement.

Et puis un jour à nouveau le destin frappe, le professeur parle d'une néo-vascularisation. Le crabe ne lâche pas si facilement ses proies. Le traitement de proton-thérapie ne pouvant être renouvelé, un traitement au laser par photo-coagulation est réalisé.

Les contrôles succèdent aux contrôles et je deviens progressivement un des plus anciens patients traités par ce professeur.

Logement à Tulle en septembre 1988

Pendant nos vacances, ma belle-mère devait nous rejoindre pour une semaine. C'est ainsi que je vins à la gare de Gramat. Notre petit Augustin n'était pas encore sorti de l'hôpital. Aussi sur la route de Cahors, je m'efforçais d'expliquer à ma Belle-mère pour quelles raisons notre destination n'était pas le gîte rural à Quissac mais l'hôpital de Cahors :

- Tu as fait bon voyage p'tit mé ?
- Oui très bon voyage.
- Cela ne t'a pas paru trop long depuis Roubaix ?

- Non, non. Comment vont Anne et les enfants ?

- Tout le monde va bien maintenant. Augustin a eu un petit problème mais actuellement tout va bien. Il est encore à l'hôpital en observation, mais il devrait sortir dans deux ou trois jours.

Deux jours plus tard Augustin sortait.
Encore un jour et nous apprenions ma nomination à Tulle.

A 1h30 de voiture, avec la mère d'Anne pour garder une partie des enfants, il nous était possible de prospecter pour trouver un logement.

Le premier jour, cherchant une location ou un achat, nous n'avons rien trouvé de suffisamment grand.

Le deuxième jour de recherche, le vendredi 15 juillet, nous priâmes et demandâmes un texte. Nous reçûmes Jérémie 50, 41-46 et un texte disant : « **J'établirai dans la maison qui je veux** ».

OK, Seigneur, ce deuxième jour nous cherchons dans Tulle, dans les agences immobilières. Je demande une maison proche de l'école, en effet nous avons 4 jeunes enfants et nous attendons le cinquième. Anne trouve que je mets la barre un peu haut. Mais si nous avons un papa au ciel pourquoi ne pas lui demander ce dont nous avons besoin sans restriction ?

Contre toute attente, l'agent immobilier nous indique qu'une maison est en location mais le locataire étant parti, la propriétaire sera peut-être d'accord pour la vendre. C'est ainsi que le 15 juillet nous signons la promesse de vente et qu'après une période d'astreinte professionnelle d'un mois en Normandie, nous avons déménagé tout début septembre pour la rentrée scolaire.

<u>Logement à Panazol, près de Limoges en été 1998</u>

Nous avons publié une annonce pour la recherche d'un grand logement.

Anne a prié pour notre recherche de maison, et dans la prière avait reçu une image, une colombe avec un rameau d'olivier dans le bec.

Quelques jours après, une personne nous appelle pour nous indiquer qu'elle va vendre sa maison. Elle nous dit : « J'ai appelé malgré moi ».

Nous allons visiter la maison puis nous allons à la messe.

Anne, n'ayant pas vu le signe dans la maison, demande alors au Seigneur le signe qu'elle avait reçu dans la prière. En ouvrant les yeux, elle s'aperçoit que le pupitre pour la bible est recouvert d'un tissu avec une colombe ayant dans le bec un énorme rameau d'olivier...

Nous avons donc acheté cette maison qui fut très agréable pour toute la famille…

Nous partons ensuite du 21 au 26 juillet à la session de la communauté des Béatitudes à Lisieux pour rendre grâce.

<u>Logement en région parisienne en été 2002</u>

4 années après, le premier mai j'apprends ma nomination dans les services centraux de mon entreprise à La Défense à l'Ouest de Paris.

2 Chronique 29, 25a : « **Il fit placer les lévites dans la maison de YaHWeH …..** »

Psaume 134, 1-2 : « **Louez le nom de YaHWeH, louez-le, serviteurs de YaHWeH, vous qui êtes de service dans la maison de YaHWeH, dans les parvis de la maison de Dieu.** »

Nous louions depuis 2 ans une maison au Chesnay tout en cherchant un logement plus adapté, moins bruyant.

Un samedi nous sommes appelés à témoigner à Maurepas dans le cadre de l'association : « Chrétiens témoins dans le monde ».

A la fin de notre témoignage, après avoir prié pour ceux qui le souhaitaient, les membres du groupe prient pour nous. Jacques reçoit pour nous du Seigneur la parole de connaissance : « Je vois écrit sur votre maison Wailly ».

Mon épouse Anne avait reçu dans la prière : « La maison est au bout du chemin ».

Nous trouvons effectivement une petite maison avec un muret sur lequel un panneau affiche le nom de la rue prévue : « Wailly ».

Notre curé nous dit : « Vous avez acheté cette petite maison crasseuse alors que vous avez cinq enfants ! ».

Une personne chrétienne de notre famille, inquiète, déclenche une chaîne de prière (de toute façon cela ne fait pas de tort !). Une amie nous dit de revendre en voyant ce que nous avons acheté ou de l'abattre pour reconstruire tant l'état semble délabré.

Mais si c'est le plan de notre Dieu qui est amour...

Et finalement nous avons pu construire au fond du jardin, une maison correspondant mieux à notre famille en faisant un chemin sur le côté de l'ancienne maison.

Alors que la végétation ne permettait pas vraiment d'imaginer l'allée, le terrassier dit un jour : « Si je comprends bien la maison sera au bout du chemin ». Mon épouse Anne et notre fils Alexandre échangèrent un sourire complice.
La maison était au bout du chemin au sens propre et au sens figuré, car nous avons dû refaire une deuxième fois le permis de construire.

Mutation professionnelle de Tulle à Limoges en 1996

Suite à une grave maladie, je ne fis pas acte de candidature pour un nouveau poste professionnel en temps utile. Dès lors, les preneurs potentiels recevaient mes propositions avec un doute sur la valeur du candidat.
A cette époque-là, en formation une semaine à Paris, je logeais chez mon beau-frère Olivier. Alors directeur d'une radio chrétienne, Olivier me conseilla d'aller prier à Notre Dame des Victoires, situé juste en face de notre logement, ce que je fis.

Quinze jours s'étaient écoulés sans réponse favorable à mes propositions de mutation.
Aussi, un jour je me suis fâché et j'ai dit au Seigneur que j'en avais assez, que je voulais une réponse le jour même. Et j'ai eu la réponse le jour

même, j'ai appris ma mutation professionnelle à Limoges…

Dernier clin d'œil

La réunion publique de témoignage de « Chrétiens témoins dans le monde » a lieu tous les mois à Versailles.

A une de ces réunions récentes nous avions mis à chaque place du restaurant un petit sachet de sel avec un verset de la Bible pour utiliser les sachets inutilisés lors d'un important rassemblement à Vichy.

Nous nous placions au « hasard ».

A la place d'Anne se trouvait : « « **Or nous savons que Dieu fait tout concourir au bien de ceux qui l'aiment, de ceux qui, selon son dessein, sont les appelés.** » Romains 8, 28. Ce verset Anne l'avait reçu dans la Bible juste après l'accident d'Augustin (juillet 1988) et en avait eu confirmation par un chrétien peu après.

A ma place se trouvait : « **Ma grâce te suffit, car c'est dans la faiblesse que ma puissance se montre tout entière.** » 2 Corinthiens 12, 9a. Ce verset je l'avais reçu d'une amie juste avant l'opération pour un mélanome sarcome.

La probabilité pour tomber sur ces deux versets adaptés pour chacun de nous doit être assez proche de zéro…

Un mois après j'animais la réunion publique et nous avions mis les tous derniers sachets aux places du restaurant. Je témoignais de ce que nous avions reçu le mois précédent les deux versets qui nous correspondaient parfaitement. A la fin de la réunion un homme qui venait pour la première fois me dit ; « C'est bizarre, j'étais venu avec une question et j'ai eu la réponse dans le verset mis à ma place… »

Pierre et Anne

Par nos noms enlacés et ces mots déplacés,
    Avec des vers lacés dire sans te lasser,
Invoquant ces instants que déroule le temps,
    Ne revoir de l'antan que l'éternel printemps :

Etoiles esseulées, parmi cent étudiants,
    Nous étions au "pélé", d'affection les mendiants,
Rencontre soixante seize, ou marchant les délices,
    Égrenés par ascèse, d'une vie les prémices.

Revenue chez ta sœur, tu chantais à l'envie :
    "Aujourd'hui l'âme sœur, j'ai rencontré de ma vie".
Échanges de deux jours, pour se dire en un cri,
    Nous sommes pour toujours, unis c'était écrit.

Pas encore bientôt, attente et espérance,
    Nous vécûmes trop tôt, de l'amour la carence.
Invité par l'armée, nous échangions tendresses,
    Exprimés par l'aimé, au cœur de nos détresses.

Et Aurore Pentecôte, la lumière qui éduque,
    Alexandre a la cote, Arnaud le petit duc,
Renaissant Augustin, Dieu éclata sa gloire,
    Noué par le destin, Yahvé donna Grégoire.

Retrouver l'essentiel, filiation paternelle,
    Nourris du pain du ciel, nous serons éternels.
En nouveaux Séraphins, aimer plus sans détour
    Et savoir qu'à la fin, seul demeure l'amour.

Épilogue

En allant en train à l'enterrement du frère de son père, Anne dit au Seigneur : « Si quelqu'un a besoin d'entendre parler de toi dans le train, fais en sorte que je puisse lui parler de toi. » Anne prie, lit la Bible. Au bout de quelques heures Anne dit au Seigneur : « Personne n'a besoin d'entendre parler de toi ? »
Pour satisfaire une personne, elle offre sa place et va s'asseoir près d'une dame sortie à peine du coiffeur, en manteau de fourrure et tous bijoux dehors.
Cette dame lui adressa la parole. Elle lui raconta ses déboires et ses épreuves. Anne finit par lui dire : « Dieu vous aime ». La personne se mit à fondre en larmes. Personne ne lui avait jamais dit qu'elle était aimée.

Il n'y a pas d'autres solutions aux problèmes du monde que l'amour de Dieu. C'est la révélation proposée à chaque homme par Jésus. Il nous dit : « Je suis le chemin, la vérité et la vie ».

Une religieuse de la Sainte Union de notre famille me disait à la fin de sa vie, 3 ou 4 jours avant son grand départ : « Pour moi, l'essentiel, c'est d'arriver au plus grand amour possible »
Mère Theresa de Calcutta répétait : « A la fin, il ne reste que l'amour »

Et en écho les trois docteurs de la famille des Carmes nous disent :
« Je ne me repens pas de m'être livrée à l'amour » (Sainte Thérèse de l'Enfant Jésus le 30/09/1897).

« Pour parvenir en cette demeure de Roi, il ne s'agit pas de beaucoup penser mais de beaucoup aimer » (Thérèse d'Avila dans le Château Intérieur).
« Mon âme s'est faite toute servante, et toute ma richesse est à son service ; désormais je n'ai plus d'autre œuvre que celle d'aimer » (Jean de la Croix dans le Cantique Spirituel).

La parole de Dieu nous dit dans la réponse de Jésus au scribe qui lui demandait :
« Quel est le premier de tous les commandements ? »
Marc 12, 29-31 : « **[29]Jésus répondit : Le premier, c'est : Écoute, Israël : le Seigneur notre Dieu, le Seigneur est un. [30]Et tu aimeras donc le Seigneur ton Dieu, de tout ton cœur, de toute ton âme, de tout ton esprit, et de toute ta force. [31]Le second est celui-ci : tu aimeras ton proche comme toi-même. Il n'y a pas d'autre commandement plus grand que ceux-là.** »

Dieu nous aime chacun dans notre spécificité. Notre créateur nous aime personnellement. Il a envoyé son Fils unique verser son sang sur la croix pour nous sauver tous.
Il nous a fait à son image, donc libres de lui demander de se révéler à nous, libres de l'aimer par pur amour parce qu'il est celui qui est, libres de donner notre vie à ce Jésus qui donna la sienne pour nous.

Oui, seule une rencontre personnelle avec Dieu peut changer notre vie. Et pour vivre cette expérience forte, cette effusion de l'Esprit, il suffit de la demander au Père. Jésus nous a enseigné : « **Si donc vous, tout méchants que vous êtes, vous savez**

donner à vos enfants de bonnes choses, combien plus le Père du ciel donnera-t-il l'Esprit-Saint à ceux qui le lui demandent.** » (Lc 11, 13).
Et le Sauveur du monde, le seul Sauveur du monde nous dit : « **Cependant je vous dis la vérité : il est avantageux pour vous que je parte ; car, si je ne pars pas, l'Intercesseur ne viendra pas vers vous ; mais, si je m'en vais, je l'enverrai vers vous.** » (Jn 16, 7).

Pour être sauvés il nous faut naître de nouveau et l'effusion de l'Esprit nous permet d'expérimenter cette rencontre unique qui va bouleverser notre vie et nous faire renaître comme enfants de Dieu (Jean 3, 3-6).
Cette expérience de Dieu s'accompagne de larmes signe de la repentance et de la régénération de l'être humain. Nous « voyons » par le cœur la proximité de Dieu et percevons soudain notre réalité de pécheurs par rapport à la sainteté du créateur. C'est une profonde émotion qui ébranle tout notre être, corps, âme et esprit. Cet état est suivi d'une paix et d'une joie intérieure ineffables qui vient de l'Esprit Saint. C'est une joie à nulle autre pareille. Un bonheur encore jamais éprouvé auparavant. C'est une joie divine.

La bonne nouvelle, c'est que Dieu est amour.
La bonne nouvelle c'est que Dieu est proche de l'homme, et qu'il cherche par tous les moyens à rencontrer l'homme, en respectant la liberté de l'homme.

La bonne nouvelle, c'est que Jésus a payé le prix. Il a souffert sa passion, il a tout accompli et est mort sur la croix, prenant sur lui ce que nous méritions, nous qui sommes pécheurs.

La bonne nouvelle, c'est qu'il est ressuscité, il a vaincu le mal et la mort, et veut nous faire partager sa victoire, nous faire retrouver notre filiation avec le Père.

Tu as du prix aux yeux de Dieu.
Jésus disait à Sainte Brigitte de Suède et à travers elle à chacun d'entre nous : « Je t'aime d'un amour infini. Plutôt que d'être privé de ton âme, j'endurerais ma mort et ma Passion pour toi seule. ».

Même pour une seule âme, il aurait vécu sa passion.
Même pout toi seul, il aurait vécu sa passion.

Alors accepte Jésus comme ton Sauveur personnel et le Seigneur de ta vie, et commence une relation personnelle avec Jésus, pour retrouver ta filiation avec le Père, avec l'aide du Saint-Esprit.

Achevé à Croissy-sur-Seine (Yvelines)
En l'année 2009 pour le dixième anniversaire de KTO.
Revu et corrigé en 2015

Annexe 1 Frères de Jésus

Commentaire sur les frères de Jésus d'après
la Sainte Bible (traduction d'après les textes originaux par le chanoine A. Crampon 1 - DESCLEE et Cie, Editeurs pontificaux Paris, Tournai, Rome)

« **FRÈRES DE JESUS**.- Il est fait souvent mention dans les Évangiles, les Actes et les Épitres des *Frères de Jésus*. Nous les voyons nommés dans les Évangiles comme un groupe de personnages très rapprochés de J.-C. par des liens de famille (*Matth.*, XIII, 55 ; *Marc*, VI, 3). Ils accompagnent sa sainte Mère (*Matth.*, XII, 46 ; *Marc*, III, 31 ; *Luc*, VII, 19 ; *Jean*, II, 12, etc.). Aux temps apostoliques, nous les retrouvons parmi les fidèles, formant un groupe spécial dont on parle avec un respect particulier. Les noms de ces frères de N.-S. sont d'après S. Matthieu et S. Marc : *Jacques*, *José* ou *Joseph*, *Judas* ou *Jude*, et *Simon* ou *Siméon*.

Il ne faut pas songer, dans tous ces passages, à des frères proprement dits.

1. Il n'est presque pas de fait aussi souvent et aussi énergiquement affirmé par la tradition que celui de la virginité permanente de Marie, laquelle, après avoir miraculeusement conçu et mis au monde Jésus, n'eut pas d'autres enfants.

2. Le nom même des *frères* ne démontre rien ici, car *ah*, en hébreu, et ἀδελφός, dans les Septante, ont un sens très étendu et ne désignent souvent qu'un parent en général : c'est ainsi que Lot est

nommé *frère d'Abraham*, dont il n'est que le neveu (cf. *Genèse* 13, 8 – 14, 16 – 29, 12).

3. Si les *frères de Jésus* avaient été ses frères dans le sens naturel du mot en français, il serait très singulier que jamais Marie n'eût été appelée leur mère ; or, on ne voit dans le Nouveau Testament comme fils de Marie que Jésus, et c'est précisément par opposition avec ceux qui sont appelés ses frères qu'il est désigné comme fils de Marie (*Marc* 6, 3). Il serait tout à fait inconcevable, en outre, que Jésus, du haut de sa croix, eût recommandé sa mère à S. Jean, si elle avait eu d'autres fils ; c'eût été alors le devoir naturel de ceux-ci de la recueillir, et ils n'y auraient certes pas manqué. La manière même dont Jésus recommanda alors sa mère à S. Jean indique qu'il était le fils unique de Marie, car il dit : ἴδε ὁ υἱός σου ; l'article eût été omis si Marie avait eu d'autres enfants.

4. Quant à cette circonstance que les *frères de Jésus* sont mentionnés d'ordinaire à côté de sa mère, soit dans les Évangiles, soit dans les Actes (*Matth.*, XII, 46 ; *Marc*, III, 31 ; *Luc*, VIII, 19 ; *Jean*, II, 12 ; *Act.*, I, 14), elle s'explique naturellement par les relations étroites qui existaient entre les deux familles. Après la mort de S. Joseph, arrivée selon toute vraisemblance avant le commencement de la vie publique du Sauveur, Marie se retira, semble-t-il, avec son divin Fils, chez son beau-frère Cléophas (Clopas), de telle sorte que les deux familles furent comme fondues en une seule. Selon d'autres, c'est Cléophas qui serait mort le premier, et S. Joseph qui aurait recueilli chez lui la veuve et les enfants de son frère.

Mais ce qui prouve d'une manière péremptoire que les *frères de Jésus* n'étaient pas les fils de la mère de Jésus, c'est qu'ils avaient une autre mère, dont l'Évangile fait une mention expresse. Parmi les femmes présentent au crucifiement, s. Matthieu (XXVIII, 36) cite une Marie, mère de Jacques et Joseph ; S. Marc (XV, 40) ajoute que ce Jacques, qu'il appelle le *petit* ou le *mineur*, est différent de Jacques, fils de Zébédée. Comme il ne paraît en général, dans le Nouveau Testament, que deux personnages du nom de Jacques, il faut que le premier soit celui que S. Paul nomme le *frère du Seigneur* (Gal., I, 19), celui à qui sa position comme premier évêque de Jérusalem donnait alors une grande autorité, l'auteur enfin de l'épitre admise dans le canon. Ensuite S. Jude, au commencement de son épitre, se nomme le frère de ce Jacques. On trouve donc, dans le Nouveau Testament, pour trois des frères du Seigneur, Jacques, Joseph, Jude, une Marie qui est leur mère et qui est différente de la mère de Jésus... »

Annexe 2 Pauvreté d'Esprit

Charles de Foucault dans ses méditations sur les béatitudes (lettres et carnets aux éditions du Seuil) :

« Bienheureux ceux qui auront la pauvreté d'Esprit ; qui, non seulement rejettent les biens matériels, ce qui est le premier degré, mais montent bien plus haut et vident complètement leur âme de tout attachement, de tout goût, de tout désir, de toute recherche qui n'a pas Moi pour but... Cette pauvreté d'esprit fait le vide complet dans l'âme, la vidant et de l'amour des choses matérielles, et de l'amour du prochain, et de l'amour de soi-même, chassant d'elle tout, et n'y laissant qu'une place entièrement vide que j'occupe tout entière. Moi, alors, je leur rends divinisé cet amour des choses matérielles qu'ils ont chassé de leur âme pour me donner la place entière... Ils ont chassé de leur âme ces amours ; Seul, j'occupe leur âme vide de tout et pleine de Moi ; mais en moi, en vue de Moi, ils recommenceront à aimer toutes ces choses, non plus pour eux, ni pour elles, mais pour Moi ; Ce sera la charité ordonnée. Ils aimeront toutes les créatures pour Moi, et ils n'en aimeront aucune pour elle, car ils me doivent tout leur amour, ils doivent se perdre en Moi et n'avoir rien que par Moi et pour Moi, l'amour comme le reste. Bienheureux ceux qui seront si pauvres d'esprit, si vides de tout, si pleins de MOI !... »